從一國歷史
預視世界
的動向

極簡

巴西史

閔真興

楓樹林

前言
遙遠又親近的巴西

提到巴西，很多人都會想到足球、森巴、嘉年華、咖啡吧。二〇一六年，里約熱內盧還舉辦了奧林匹克運動會。

在地球儀上尋找巴西，會發現它剛好位於日本的正背面。巴西的首都巴西利亞，與東京的時差多達十二小時，飛機也沒有直航，可以想見是非常遙遠的國度。日本和巴西在十九世紀末開始建立起關係，進入二十世紀以後，許多日本人移民巴西，因而成為與日本相當親近的國家。現在，以「日裔」的移民後代為主，全世界有最多日本血統國民的國家，就是巴西。

本書將會解說巴西從何時誕生，又是如何發展至今。我們對巴西的第一印象都是人民十分健康快活，但它的歷史卻沒有這麼單純。希望大家能夠更深入理解這個距離日本很遙遠、關係卻很親近的國家。

関真興

歷史冷知識！

巴西的4大祕密

這些意想不到的史實，就要介紹給初次接觸巴西史的你！

Secret 1

巴西是在航海途中偶然才發現？

1500年，出海航向印度的探險家卡布拉爾，抵達了現在巴西的東北部沿岸。卡布拉爾以為這片土地是座島嶼，便命名為「聖十字架之地」。

→詳情參照 23 頁

Secret 2

淘金熱使得葡萄牙語成為官方語言？

17世紀末，里約熱內盧北部的山脈發現了金礦，許多葡萄牙人紛紛遠渡重洋來到巴西淘金，葡萄牙語自此才逐漸鞏固成為巴西的官方語言。

→詳情參照 50 頁

Secret 3

首都巴西利亞 竟花了3年半才建設完成？

誕生於1960年的巴西利亞，是由法國建築師盧西奧．科斯塔所設計，耗費3年半的歲月才建設完成。這裡易守難攻，還有可開發的潛力，因此政府才從里約熱內盧遷都。

1987年登錄成為世界遺產！

→詳情參照164頁

Secret 4

總統選舉落馬3次，第4次才終於當選！

2002年就職的巴西總統魯拉．達席爾瓦，來自巴西最貧窮的地區，小學沒畢業就開始工作，以勞工領袖的身分嶄露頭角。雖然他三度落選總統，但憑著第4次肯定會成功的信念，最終當選了。

我在2022年又參選總統大選喔！

→詳情參照198頁

Gero Rodrigues / Shutterstock.com

接下來，我們就來探索巴西史吧！

目錄

chapter 2 砂糖時代，而後黃金時代

chapter 3 從殖民地邁向獨立國家

chapter 4 巴西帝國

chapter

5 共和政體開始

Mark Schwettmann / Shutterstock.com

<救世基督像>

這座矗立於海拔710公尺的駝背山頂、敞開雙臂的基督雕像，是為了紀念巴西獨立100週年所建。這座俯瞰里約熱內盧的基督像高約40公尺、重達635噸，是巴西最著名的地標。

chapter 6 瓦爾加斯時代

＜沃爾塔雷東達鋼鐵廠＞

Alekk Pires / Shutterstock.com

位於巴西東南部工業大城沃爾塔雷東達的國營鋼鐵廠，1941年開始建設，5年後完工。目前是以當初建廠的總統之名，命名為瓦爾加斯總統鋼鐵廠。

chapter 7 軍事獨裁與革命

chapter 8 新共和時代

祕密專欄

<伊瓜蘇瀑布>

1986年列為世界遺產的伊瓜蘇瀑布，位於巴西和阿根廷的邊界伊瓜蘇河的下游。275股大小瀑布相連橫跨4公里長，轟隆的水聲總是響徹這一帶。

序章

巴西人從何處來？

現在所謂的巴西人，是指居住在「巴西」這個國家的人。巴西是由許多民族融合而成的多元民族國家，以原住民、白人（葡萄牙人）、黑人族裔為主，官方語言為葡萄牙語。

原住民最早居住在巴西這塊土地上，葡萄牙人在十六世紀登陸南美洲後，便與原住民爆發衝突。

在武力和財力兩方面遠遠占據優勢的葡萄牙人，後來開始奴役原住民。大約從十七世紀末開始，葡萄牙國內的人民陸陸續續遷移至巴西，葡萄牙語成為廣泛通用的語言。可是勞動力逐漸變得不足，於是葡萄牙人又從非洲引進黑人，也讓他們學會說葡萄牙語。

不過，原住民和黑人的文化並沒有完全消失，依然傳承至今。例如美洲原住民食用的木薯，磨成粉末後可以做成珍珠粉圓，在日本也掀起一陣風潮；而黑人帶來的

巴西的國土

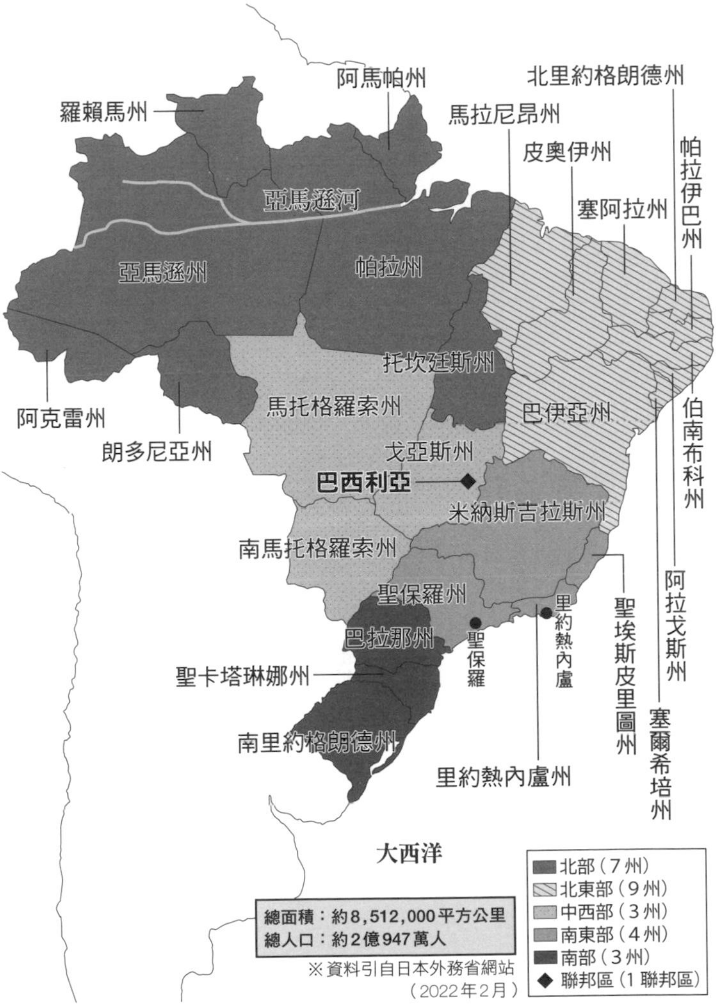

阿馬帕州
北里約格朗德州
羅賴馬州
馬拉尼昂州
皮奧伊州
帕拉伊巴州
亞馬遜河
塞阿拉州
亞馬遜州
帕拉州
托坎廷斯州
伯南布科州
阿克雷州
馬托格羅索州
巴伊亞州
朗多尼亞州
戈亞斯州
巴西利亞
米納斯吉拉斯州
南馬托格羅索州
聖埃斯皮里圖州
阿拉戈斯州
聖保羅州
里約熱內盧
巴拉那州
聖保羅
聖卡塔琳娜州
塞爾希培州
南里約格朗德州
里約熱內盧州
大西洋
北部（7州）
北東部（9州）
中西部（3州）
南東部（4州）
南部（3州）
聯邦區（1聯邦區）
總面積：約8,512,000平方公里
總人口：約2億947萬人
※資料引自日本外務省網站
（2022年2月）

舞蹈風格，就是世界聞名的里約熱內盧嘉年華上所跳的「森巴」原型。

除此之外，巴西也有部分國民的祖先是來自歐洲和亞洲的移民。現在巴西的人口已經超過兩億，為全球第六名。巴西擁有如此豐富的多樣性，所以很難用特定的民族來描述他們。

再從地理環境來看，巴西幾乎占據了南美洲大陸的一半面積（百分之四十七）。國土有八分之三是北亞馬遜河及其支流流域、南拉布拉他河上游流域（巴拉那河、烏拉圭河），以及大西洋東部細長的平原和低地帶。

有食人魚和電鰻棲息的亞馬遜河流域，遍布著全世界規模最大的雨林。這片雨林的深處，甚至還有與世隔絕的「孤立部落」存在。

與阿根廷接壤的邊境，已列入世界自然遺產的伊瓜蘇瀑布即坐落在此。「伊瓜蘇」在原住民的語言中，意思是「大水」。

巴西國土剩下的八分之五是兩座高原，一座是位於亞馬遜河和拉布拉他河之間的巴西高原，另一座是亞馬遜河北方的蓋亞那地盾。

接下來也來談談南北緯跨度很大的巴西，氣候又是如何變化吧。

巴西北部是屬於熱帶和亞熱帶的高溫潮濕氣候，地球大部分的雨林都是分布在這類氣候帶上。

南部則和日本大部分地區一樣，屬於溫暖潮濕的氣候。除了前面介紹過的咖啡以外，巴西的大型莊園也生產砂糖、菸草與香蕉，是全球為數不多的農業大國。不過偶爾也會有嚴重乾旱來襲，讓居民苦不堪言。

人類的祖先最早是在距今約一萬六千年前的冰河時期，從凍結的白令海峽陸橋來到美洲大陸（目前仍有諸多說法，此為一說）；而人類抵達南美洲最南端的時間，推測是在西元前六千年左右。

然而，在二十世紀下半葉，法國學者在巴西東北部的卡皮瓦拉發現了古代洞穴遺址，洞穴岩壁上保留了描繪人類打獵、跳舞等生活行為的壁畫。最古老的壁畫推測是距今五～六萬年前所畫，可見南美洲的人類起源，遠遠比目前的所有說法都還要更早。

不過，目前還無法得知最早的人類如何抵達南美洲，也有人假設他們可能橫渡太平洋，但當時還沒有發展出造船的技術，不太可能渡海。一九九一年，這座遺址以卡皮瓦拉山脈國家公園之名，登錄為聯合國世界文化遺產。

現階段的學術界，尚未發現卡皮瓦拉時代之後、到歐洲人登陸美洲大陸的一五〇〇年，這段期間巴西歷史的有力史料。今後將會出現什麼樣的研究成果，著實令人期待。

從下一章開始，我們就來看看巴西的歷史吧。

chapter 1

殖民地時代

重商主義與航海王子

當一個國家的人口增加時，讓人民移居國外的土地（領土）、從事農業拓荒的開發政策，稱作「殖民」；而占領的國外土地，就稱作「殖民地」。

十五世紀以後，葡萄牙和西班牙得到了不少這樣的殖民地，並且派人移居過去，利用在當地賺取的財富來發展國家。殖民地的經營者都是獲得國家許可的大商人。這種經濟政策稱作「重商主義」，揭開了大航海時代的序幕。

在葡萄牙推動重商主義的人，是葡萄牙國王若翰一世（João I）之子恩里克王子（Infante Dome Henrique）。恩里克王子在伊比利半島西南端的薩格里什海角建立了航海研究所，在那裡研究造船術和天文學。

此外，他還占領直布羅陀海峽（歐洲與非洲交界處的海峽）對岸的城市休達，建立起進出非洲西海岸的據點。這件事讓他有了航海家恩里克的稱號。不過，其實他本人這一生從未航向遠洋。

前往印度買胡椒吧

巴西是在十五世紀下半葉開始的大航海時代，才躍上歷史舞台的幕前。這裡介紹一下在這之前稍早的狀況。

西班牙國王和葡萄牙國王為了以更低廉的價格，取得在印度才能買到的胡椒，開始資助冒險家出海航向印度。

胡椒等香料原本是經由陸路傳入歐洲，但因為運送途中行經多個國家，需要不少手續費，因此送到西班牙和葡萄牙後價格變得非常昂貴。

此外，陸路行經的西亞各國大多並非歐洲

人信仰的基督教，而是有大量伊斯蘭教信徒居住的地區。基督教徒和穆斯林多半敵對，因此要安全運送香料並不是那麼容易的事。

基於這些原因，歐洲人為了便宜又安全地取得香料，才會改從海路直接前往印度購買。於是西班牙和葡萄牙的探險家，便把腦筋動到了橫渡大西洋的路線上。

這片土地屬於誰？

葡萄牙的船隊沿著非洲西海岸南下，在一四八八年抵達好望角（當年稱作風暴角），在這裡建立了通往印度的東迴路線據點。

另一方面，西班牙則是試圖往西航向印度，在一四九二年，哥倫布（Cristóbal Colón）抵達加勒比海的聖薩爾瓦多島。這就是發現美洲大陸的開始。

葡萄牙和西班牙爭相探索通往印度的路線，結果衍生出新發現的土地歸屬問題。一四九四年，基督教的最高權威羅馬教宗居中調停，讓葡萄牙和西班牙協商。

葡萄牙與西班牙的界線

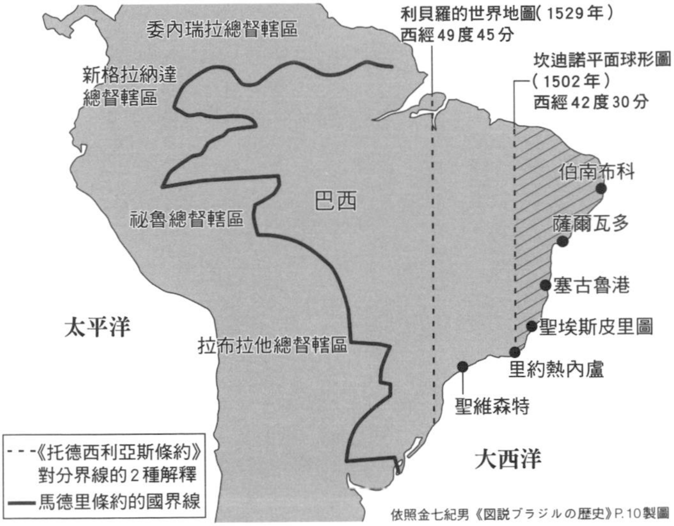

依照金七紀男《図説ブラジルの歴史》P.10製圖

於是，地圖上的非洲西岸維德角半島西方約兩萬公里處，畫出了南北向的分界線。這條線以東為葡萄牙領土，以西則是西班牙的領土（這份協議稱作《托德西利亞斯條約》）。

偶然發現的大陸

一五〇〇年，葡萄牙探險家卡布拉爾（Pedro Álvares Cabral）的船隊原先計劃航向印度，最終卻抵達南美洲大陸的東北沿岸。

根據《托德西利亞斯條約》，這裡屬於葡萄牙領土。卡布拉爾將發現的地點命名為「聖十字架之地」（Terra de Vera Cruz），不過這裡實際上並非島嶼，而是大陸，就是現在的巴西。

卡布拉爾的目的地終究還是印度，所以並不重視這片偶然發現的聖十字架之地。但是近年來，學界也有說法聲稱「巴西並非偶然才發現，卡布拉爾的航海目的地就是這塊土地」。

卡布拉爾將最初下錨的港灣命名為塞古魯港（安全之港），這裡是現在巴西的巴伊亞州（Bahia，在葡萄牙語意即「港灣」）。他在港內建立了一座名叫薩爾瓦多的城市，薩爾瓦多在一五四九年成為殖民地巴西的首都。

一五〇一年到翌年，葡萄牙派探險隊來到巴西。負責領導探險隊的是義大利航海家亞美利哥・維斯普奇（Amerigo Vespucci），他在當地為新發現的海角、河川、港灣命名。其中最知名的，就是在葡萄牙語中意指「一月的河」的里約熱內盧。不過，維斯普奇以為是大河（河口）的地方，其實是港口。

現今為南半球人口最多的城市聖保羅，也是維斯普奇引用基督教聖人保羅之名而命名。

巴西原住民

卡布拉爾的探險過後，葡萄牙開始殖民巴西。當時的巴西有一百萬～兩百萬原住民（也有六十萬～一百萬人的說法）。他們被稱作洞穴人（Indio），以栽種玉米和木薯等作物、打獵為生。

起初，原住民和葡萄牙人的關係並不差。搭船遇難的葡萄牙人被原住民救出後，還與他們一同生活，兩者結婚生下的混血兒，還曾經成為原住民的領袖。

當時的日本

探險家發現巴西之時，日本正處於室町時代。1500年，第11代將軍足利義澄（義高）頒布撰錢令。當時除了官方貨幣（中國銅幣）以外，市面上也流通私鑄貨幣，撰錢令規定人民必須使用官方貨幣，並且明記不可使用的錢幣。

源自巴西紅木的稱呼

一四九八年，葡萄牙人從東方航路抵達印度，開始進駐亞洲各地，在果阿（現在的印度）、麻六甲（現在的馬來西亞）、澳門（現在的中國）建立據點。他們在這些地方修建商館，並派駐武裝船隊保護這些商館。

葡萄牙王室獨占了所有以印度為中心的亞洲貿易收入，相較之下，當時的巴西出口產品只有作為染料和家具原料的巴西紅木（Pau-brasil）而已。王室無意投入大筆資金經營殖民地，但同時又覺得放著這片偶然發現的新領土很可惜。

就在此時，巴西紅木在歐洲開始受到矚目，導致情況完全改變。當時的歐洲纖維產業十分興盛，需要這種可以提煉紅色色素的樹木。

一五〇二年，葡萄牙國王若翰三世（João III）以五分之一的盈收為報酬，賦予貴族富商費爾南多・迪諾羅尼亞（Fernando de Noronha）採伐巴西紅木的權利。

因此，費爾南多開始在海岸建設了用以保存巴西紅木，並可裝運出貨的據點工廠（feitoria）。

巴西紅木的採伐和集貨大多是由原住民負責。葡萄牙人送給原住民梳子、鏡子、剪刀和斧頭，讓他們幫忙工作。一片森林砍完以後就要轉移陣地，所以並不會形成人類生活的村落。

法國船隻看見建於沿岸的工廠，也開始出沒於巴西海岸。費爾南多為了避免外來者搶奪巴西紅木，便建造了砲台。不過，可以採伐巴西紅木的海岸線長達一千八百公里，光靠費爾南多一己之力

根本應接不暇。

此外，英國和荷蘭也對巴西虎視眈眈。兩國不僅支援對葡萄牙不滿的原住民，還曾在陸地上與葡萄牙作戰。

若翰三世這才體認到巴西的重要性，在一五二六年派出六艘船組成的艦隊部署海岸。但是，艦隊的基地伯南布科卻遭到法國占領。

在這段多國為爭奪巴西紅木利益而對立的期間，最初由卡布拉爾發現的聖十字架之地，也漸漸開始被稱作「巴西」（Brasil）。

甘蔗可以賺錢嗎？

由於其他國家的介入，使得葡萄牙的巴西紅木貿易收入逐漸減少。於是葡萄牙王室開始考慮製造砂糖作為替代產業，因此便從當年恩里克王子引進甘蔗種植園的馬德拉群島，將製糖方法傳到巴西。

種植園（Plantation）是一種盛行於熱帶和亞熱帶地區的農業系統，最初歐洲國家以此方式在美洲殖民地廣泛開墾土地，隨後也引進非洲與亞洲。這種生產模式是在寬廣的土地上大規模栽種單一作物，大量生產經濟作物，價格自然也低廉。

砂糖的原料甘蔗原產於印度（和新幾內亞），在八世紀左右通過伊斯蘭文化圈傳入歐洲。在這之前，歐洲人認為的甜食就是蜂蜜，自從葡萄牙和西班牙開始使用蔗糖以後，糖才傳遍了整個歐洲。

一五三〇年，葡萄牙貴族馬丁・阿方索・德索薩（Martim Afonso de Sousa）奉若翰三世之命，率領七艘武裝船艦與四百位殖民者前往巴西。

德索薩與在沿海活動的法國船隻交戰，同時尋找適合殖民的土地，在一五三二年抵達了南部的聖維森特。當地已經有葡萄牙人定居，在他們的協助下，德索薩開始栽種甘蔗。

若翰三世期望生產更多砂糖，但因為開發資金不足，於是葡萄牙只能另外尋找經營殖民地的方法。

殖民大陸切分為十五地

葡萄牙在巴西建立起的統治基礎，就稱作「將軍轄區」。將軍轄區（capitania）的意思是「上尉（capitão）的領地」，意味著領主在殖民地內擁有司法、行政、軍事等所有統治的權限，但只能運用自己的資產來經營和防衛。

當時的歐洲經濟活動愈來愈活絡，市場商品貿易發達。不過此時期仍是仰賴自力生產符合市場需求的商品，可以說是現代資本主義的前身。

最初建立起將軍轄區體制的始作俑者，正是擁有馬德拉群島的恩里

克王子。也就是說，除了當地的砂糖生產技術以外，就連統治的手腕也都直接在巴西當地沿襲下來。

巴西的領土（當時為《托德西利亞斯條約》明定的界線東方）大致分割為十五個轄區領地，分別由貴族領主（Donatário）來治理。領主會將土地（sesmaria）分租給有意租借的大商人，而葡萄牙本國居民也開始紛紛移居到這些海外土地。

15個將軍轄區

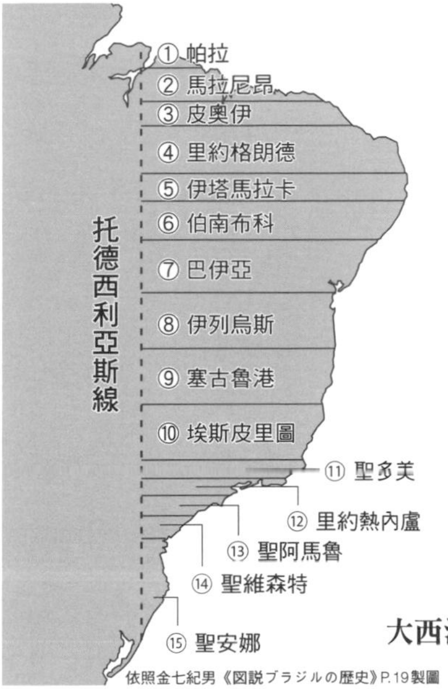

依照金七紀男《図説ブラジルの歴史》P.19製圖

不過，大多數的葡萄牙人還是更關注印度，願意移民巴西的人並不多。況且移民至海外殖民地需要高昂的費用，吸引不到自願者，王室甚至還必須強迫遷徙罪犯移居至巴西。

有如陸上孤島的農場

葡萄牙王室打算在巴西發展製糖產業，卻也在巴西當地遇到了困境。巴西根本沒有鋪設交通路網，處於有農場開闢卻沒有道路可以運輸農產品的「陸上孤島」狀態，還因此引來法國人覬覦襲擊。

不僅如此，作為農場主要勞力來源的原住民缺乏工作意願，部落習俗也令他們排斥定居在同一個地方，導致殖民事業始終不順遂；即使領主可以強迫原住民工作，卻也曾經引發叛亂。

結果，將軍轄區制度只有在可以進行貿易買賣的北部伯南布科，以及南部的聖維森特成功推行，其他領地再也無法繼續維持。

當時移民巴西的葡萄牙人，大多為單身男性，有些人為了生活而迎娶原住民女性。巴西對種族的偏見之所以不比美國和歐洲各國強烈，也與殖民地這樣的建設過程息息相關。

放棄既有的封建體制

將軍轄區的統治體系確立大約十五年後，巴西的經營始終不順利。因此葡萄牙王室廢除了這個制度，按照國王的指示，改採總督制來統治巴西。

首先被任命為總督的是馬丁．阿方索．德索薩的弟弟托梅．德索薩（Tomé de Sousa）。一五四九年，他率領包含四百名罪犯在內總計七百名殖民者，以及兩百名士兵、一百名官員，外加耶穌會的傳教士，一同航向巴西。

托梅．德索薩在薩爾瓦多設立起總督府，先是開始「回收」各個轄區，經營不善的領主都很爽快地歸還土地。在這個階段，領主仍能保留領主的頭銜，只是統治領地內會安插國王任命的官員。

當時的巴西最大的問題，就是與法國交戰。法國在一五五六年於瓜納巴拉灣的入口處建立起殖民地，葡萄牙隨即跟進，於一五六五年建設根據地里約熱內盧，以便偷襲法國，並在兩年後成功驅逐法國勢力。

法國在一六一二年又於東北部建設了聖路易斯，但三年後也遭到驅逐。

與此同時，巴西開始慢慢鋪設道路，藉此連結各個村落要道。從事畜牧的人們也開闢新道路，逐漸解決農場的陸上孤島困境。隨著交通網絡的建設，甘蔗種植園得以深入內陸，甚至有人因為經營砂糖工廠而發了大財。

當時的日本

托梅・德索薩遠渡巴西時，日本正值戰國時代中期。1555年，毛利元就在嚴島之戰討伐了陶晴賢；1560年，織田信長在桶狹間之戰討伐今川義元。在這段時期前後，武田信玄與上杉謙信也在川中島多次交戰。

葡萄牙國王是西班牙國王

就在總督制的實施下，巴西逐漸轉變的過程中，遠在歐洲的葡萄牙本國卻發生了一場巨大的變動。

西元一五八〇年，葡萄牙國王恩里克一世（Henrique I）駕崩，阿維斯王朝王室後繼無人，王位只能交由西班牙國王菲利普二世（Felipe II）繼任成為新國王。菲利普二世是恩里克一世的父親曼紐一世（Manuel I）的外孫。

菲利普以葡萄牙國王菲利普一世的稱號即位，於是，西班牙和葡萄牙由同一個國王君臨統治，稱作共主聯邦。

共主聯邦成立的背景，也和十六世紀下半葉的國際貿易局勢有關。

當時的葡萄牙，儘管壟斷印度的香料貿易，但之所以能夠「壟斷」，是因為葡萄牙負責仲介印度香料和歐洲白銀的交換。然而，歐洲已經無法再開採白銀，在白銀匱乏的情況下，致使葡萄牙在國際貿易間不再具備優勢。

印度的香料貿易

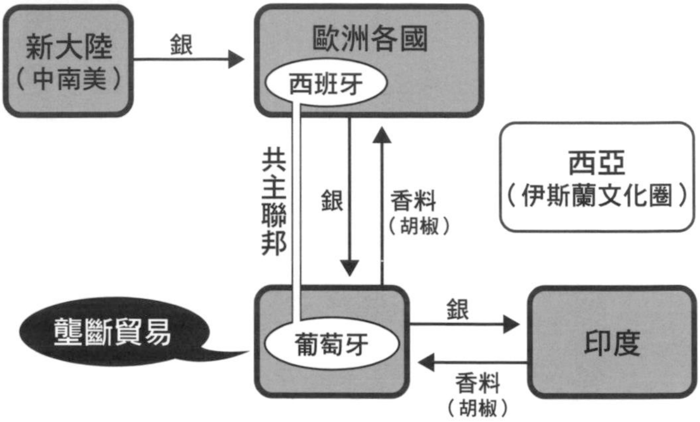

另一方面，西班牙則在南美洲大陸的殖民地發現了銀礦，為歐洲帶來大量的白銀。因此共主聯邦也有望讓西班牙的白銀流入葡萄牙。

拿不到銀子就再見

受惠於西班牙帶進來的白銀，葡萄牙的香料貿易終於穩定了下來。雖然葡萄牙必須臣服在西班牙之下，但菲利普二世承認葡萄牙人的自治權，所以葡萄牙人十分歡迎共主聯邦的成立。

然而，菲利普一世去世後，隨即成為新

任國王的菲利普二世（西班牙國王菲利普三世），卻派遣西班牙官員進駐葡萄牙，強化對葡萄牙的統治。到了十七世紀後，西班牙領土的銀礦愈來愈拮据，白銀也不再流通到葡萄牙了。

失去利益的葡萄牙人開始對西班牙產生反感，要求脫離的聲浪愈發高漲。

一六四〇年，西班牙發生內戰，布拉干薩公爵若翰（Dom João）趁亂自立為葡萄牙國王，並且以若翰四世的頭銜即位。最終，葡萄牙成功脫離西班牙而獨立。

耐人尋味的巴西偉人①

出身貴族的葡萄牙航海家

卡布拉爾

Pedro Álvares Cabral

（1467 ？～1520 ？）

橫渡大西洋，抵達巴西的第一人

葡萄牙的航海家卡布拉爾，是在瓦斯科·達伽馬（Vasco da Gama）發現印度航道以後，才動身前往印度。1500年3月8日，他奉國王曼紐一世之命，以印度遠征艦隊司令官的身分從里斯本港口出發。由於天候惡劣，卡布拉爾選擇走大西洋航道的西南方，在4月22日抵達現在的巴西。根據《托德西利亞斯條約》，這片土地便成為葡萄牙領土。

卡布拉爾後來又繼續遠航，最終抵達位於印度的卡利卡特。可是他在當地遭到伊斯蘭商人阻撓，導致與卡利卡特國王建交、建設商館的任務失敗。不過，卡布拉爾將當地作為經營印度的根據地，成功收購香料，為里斯本賺進了莫大的財富。

卡布拉爾在1501年返回葡萄牙後，據說他因為冒犯國王而離開宮廷，在不得志的抑鬱中離開人世，但實際的死因並不清楚。

chapter 2

砂糖時代，而後黃金時代

荷蘭人是敵還是友？

在葡萄牙和西班牙成立共主聯邦的時期，為了脫離西班牙而正為獨立起義抗戰的荷蘭，也視葡萄牙為敵人。而葡萄牙的殖民地巴西，自然也成為荷蘭的敵人。

巴西與荷蘭的戰爭，是從一六二四年荷蘭進攻巴伊亞開始。巴西在這場戰役中贏了荷蘭，然而六年後荷蘭東山再起，先是進攻伯南布科的海灣，再從這裡沿著海岸線，逐步拓展勢力範圍到勒西菲、北里約格朗德、阿拉戈斯等地。

就在此時，巴西當地人發現荷蘭人並不是打算侵占生產砂糖的農場，而是想要利用砂糖貿易賺錢。於是雙方的關係逐漸改善，巴西轉而開始幫助荷蘭，慢慢建立起由荷蘭人出資在巴西開發農場的合作形式。

一六四〇年，共主聯邦結束後獨立的葡萄牙，為了持續對抗西班牙，而與荷蘭簽訂十年的休戰協議。之後，殖民地巴西繼續仰賴荷蘭的資金開發，持續拓展甘蔗農園的規模。

巴西貨幣雷亞爾的前身

一六四四年，荷蘭總督約翰．毛里茨（Johan Maurits van Nassau-Siegen）去職返回荷蘭母國後，新任總督開始向巴西農莊主人催繳貸款，導致兩國的對立加深，最終導致戰爭爆發。雙方經過幾場戰役後，直到一六五四年，巴西成功驅逐了荷蘭勢力。

被逐出巴西的荷蘭，後來轉往在加勒比海地區正式發展砂糖產業。荷蘭人買進大量黑人奴隸，導致全球奴隸價格高漲，也間接導致巴西的農莊勞動力欠缺。除此之外，全世界砂糖產量過剩，也造成市場價格下跌。巴西也因為無法繼續使用荷蘭的海運，經濟受到重創，製糖業陷入低靡。

不過，荷蘭人在進占巴西的時期，「雷亞爾」紙幣開始流通。這個紙幣在荷蘭人離開以後，仍繼續在巴西及其他南美各國流通，並且在十八世紀正式成為巴西的通貨單位。

這都是托英國的福

就在砂糖產業低靡的十七世紀下半葉，葡萄牙在亞洲的貿易據點，陸續遭到積極建立強大海軍的荷蘭和英國所奪占，失去了亞洲香料貿易的主導權。葡萄牙的財政因此迅速惡化。

就在此時，自從一六四九年內戰結束後就沒有國王在位的英國，在一六六〇年王朝復辟，迎回查理一世之子查理二世（Charles II）即位。翌年，查理二世迎娶葡萄牙公主凱薩琳（Catarina de Bragança），葡萄牙藉此修復與英國的關係。

西元一六七二到七四年的第三次英荷戰爭中，英國擊敗了荷蘭，讓巴西從荷蘭的威脅中解放。從此以後，葡

當時的日本

1669年，以沙牟奢允為首的阿伊努人，因為貿易不平等而與松前藩開戰。松前藩擁有鐵砲，加上津輕藩協助，在戰爭中握有優勢而獲勝。此後，松前藩便加強在蝦夷地（北海道）對阿伊努人的統治。

萄牙與巴西必須繳納有利於英國的關稅、被迫購買英國商品，但是為了擺脫經濟不景氣也只能忍讓。

這時的歐洲人口逐年增加，砂糖開始暢銷，令一時萎靡的巴西製糖業得以復甦，再度成為主要產業。

甘蔗大農莊

巴西當地將甘蔗農莊稱作 Engenho。Engenho 是榨甘蔗的機器名稱，造價非常昂貴。在當時有能力配備 Engenho 的農莊主人非常少，奴隸的價格又居高不下，要成功經營稍具規模的農莊並非易事。其中擁有 Engenho 的大農莊主人，就稱作 Engenho 先生（Senhor de Engenho）。

甘蔗農莊裡除了有廣大的甘蔗田以外，還有榨汁廠、木材加工廠、鐵匠鋪，以及砍柴用的森林、飼養牛馬的牧場。園內附設了技術人員和奴隸的住居，還有防衛襲擊的士兵常駐地，形成龐大的村落。

Engenho先生是這個村落地位最高的人，擁有主宰村落所有人生死的權力，地位有如當地獨裁者，就連巴西總督和葡萄牙國王也不容置喙。

不過，農莊主人的收益也不是一直都很高，所有權甚至還經常易主。

深入叢林尋覓黃金

從葡萄牙來到巴西的殖民者，往往都抱著發掘黃金等貴金屬的淘金夢。自從十六世紀上半葉開始，在殖民政府的主導下，首先展

開內陸探險（葡萄牙語稱為entrada），隨後也開放一般民眾深入內陸。

16世紀下半葉的巴西領土

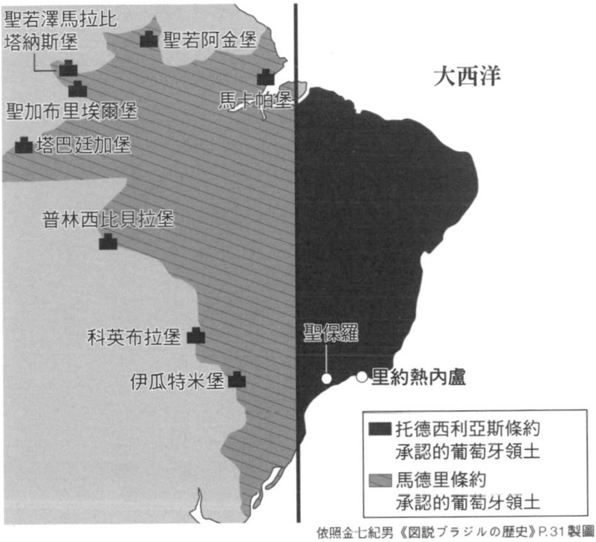

依照金七紀男《図説ブラジルの歴史》P.31製圖

民間組織的內陸探險隊稱作先鋒旗隊（bandeira），其中的領袖就是先鋒旗手（bandeirantes）。有的先鋒旗手鉅細靡遺地探索整個亞馬遜河流域，也為葡萄牙的殖民地擴張事業貢獻深遠。

這裡就來介紹一下當時的巴西領土。在西班牙和葡萄牙的共主聯邦成立的一五八〇年後，葡萄牙人得以進入南美洲的廣大西班牙領土，占地為王。兩國在巴西各地因領土糾紛而對立。

原本由《托德西利亞斯條約》確立的國境，在一七五〇年改訂立《馬德里條約》重新劃定界線。這份條約明訂了「領土以實際占領為準」的規範，也就是說，未開發地帶的所有權屬於建設道路、村落與堡壘（要塞）並實質統治的國家。

殖民者為了確保食用肉品來源供應無缺，也開始發展畜牧產業。不過這個階段仍然是以甘蔗農莊優先發展，所以新開闢的內陸便成為畜牧的場地，葡萄牙領土因此不斷擴張。

被奴役的原住民

葡萄牙不斷擴張巴西的領土時，也強迫原住民在農莊裡付出勞力。這是因為從葡萄牙移居巴西的人口並不多，而且大多是罪犯或是在本國受到歧視的新教徒。他們缺乏勞動意願，實際上也很難在熱帶地區從事勞動工作。

不過，原住民當然也不會乖乖地答應在農莊裡工作。在原住民社會風俗裡，農耕原本是女性的工作，但在耶穌會為了南美洲大陸傳播教義，於當地建設村落、教育原住民農業方法之後，一直到了十六世紀中葉，才有愈來愈多的原住民投入農耕。

然而當時的大農莊仍然嚴重缺乏勞力，於是先鋒旗隊會攻擊內陸村莊、俘虜原住民，把他們當作奴隸販賣給農莊主人。不過在原住民的反抗與耶穌會的反對之下，一五七〇年便立法禁止將原住民作為奴隸買賣。除此之外，歐洲殖民者帶來舊大陸的傳染病天花，導致沒有免疫力的原住民大量感染而陸續喪生。

來自非洲的黑人奴隸

被迫在大農莊裡賣命工作的並不是只有原住民，十五世紀下半葉在海上橫行的葡萄牙人也從非洲帶走黑人，成為殖民地的奴隸。

在這個時期，葡萄牙、法國、荷蘭與英國商人都紛紛進駐非洲西海岸，開始通商貿易。他們用鐵砲槍枝、蘭姆酒、布料交換黑人，把他們當作開發拓荒用的勞力，輸出到加勒比海的島嶼和南美洲大陸上。

正當禁止原住民奴隸的法律頒布實施後，黑人奴隸的人數也隨之逐漸增長。從十五世紀中葉到十七世紀末，輸出到巴西的黑人多達六十萬人（亦有其他說法），占了遠渡美洲大陸所有黑人人數的百分之四十五左右。

順帶一提，以巴西傳統武術聞名的卡波耶拉，最早就是起源於從非洲遠渡而來的黑人擁有的防身術。

反抗奴役的據點「基隆坡」

黑人奴隸會在工作時混水摸魚、偷竊食

物、忽視主人命令，藉此作為反抗手段，卻也因此遭受懲處和殘酷的待遇，陸續不堪奴役而自殺或逃亡。也有紀錄記載，巴西在十六～十七世紀與荷蘭開戰、農莊遭到襲擊之際，許多黑人奴隸便趁機脫逃。

這些逃亡的黑人奴隸逃入叢林之後，在裡頭建立了名為「基隆坡」的村落，寄身於此處求生。基隆坡從巴西東北部的內陸，遍及東南高地的聖保羅和米納斯吉拉斯地區，從數十人的村落發展到超過兩萬人的「城鎮」，各種規模的基隆坡都會利用柵欄圍成堡壘，藉以抵禦外來者攻擊。

基隆坡的居民以農耕、狩獵、捕魚為生，有時也會襲擊白人（葡萄牙人）的村落和農莊，搶奪武器、衣服和工具。有些農莊主人不堪其擾，只好承認基隆坡的獨立性，並與之建交。

位於伯南布科中南部的基隆坡「帕爾馬雷斯」，不僅聚集人口超過三萬，甚至還有製造武器的工廠。伯南布科的當地政府畏懼帕爾馬雷斯的勢力，在一六九五年派遣七千兵力進攻剿滅全村。此後，殖民者始終對基隆坡保持警戒。

淘金熱！

十七世紀末，來自聖保羅的先鋒旗手，在里約熱內盧北方的埃斯皮尼亞蘇山脈發現了金礦。

儘管聖保羅的居民試圖獨占，但發現金礦的消息一夕之間就傳到葡萄牙，許多人紛紛渡海淘金。甚至還有放棄甘蔗種植園的農莊主人帶著奴隸，企圖分一杯羹。

一七〇八年到一七〇九年期間，金礦發現者和聞風而至的淘金者爆發嚴重衝突，甚至演變成戰爭（埃姆博阿巴戰爭）。殖民地政府派出軍隊，終於平息這場騷動。

這一場淘金熱，不僅導致巴西當地的葡萄牙人數量頓時大增，讓原本是原住民語言和葡萄牙語混用的巴西通用語言，統一以葡萄牙語為準。

當時的日本

17世紀下半葉，正值江戶幕府第5代將軍德川綱吉在位。此時的政策又以生類憐憫令最知名，首度頒布於1685年。法令除了禁止殺害狗、貓、鳥、魚和昆蟲外，也禁止遺棄新生兒和病人。

當時的金礦開採，是單純用木碗在河底淘洗砂金過濾。凡是發現砂金地點的人，都必須向官員申報。然而砂金很快就會枯竭，人們需要不時轉換地點。隨著淘金潮活躍的還有販賣食品等物資的流動攤商，他們也會隨著尋找砂金的人群一起遷徙。

在採金量減少的一七二〇年代以後，開始出現洗礦法。這個方法是建造蓄水池來儲水，再一口氣放水來沖碎含有黃金的岩塊，讓流落的砂土流進鋪滿牛皮的溝渠，再採集卡在毛皮上的砂金。

有些資本家會向政府購買採礦場經營金礦，金礦的經營者也會投入奴隸，但是與甘蔗種植園不同，雇主會給予奴隸獎金，以提振他們的工作士氣。

道路與騾子

甘蔗種植園、領土擴張和發現黃金，一舉改變了巴西的社會面貌，經濟也大幅發展。尤其是在十七世紀下半葉到十八世紀下半葉，又稱作「黃金時代」。

在這個年代，人和貨物的移動十分興盛，幹線道路也逐漸整頓完成，其中可運送物資的騾子格外受到珍重。與馬匹相比，騾子需要的飼料和費用要來得少，與驢相比蹄子又強而有力，即使在陡峭的山路上也能駝著沉重的貨物行進。

騾子是公驢和母馬交配所生的動物，無法自行繁衍後代，所以牧場需要同時飼養驢子和馬匹，以便增加騾子的數量。於是巴西開闢許多牧場，交通網路也拓展得更廣闊。

停滯不前的殖民母國

在戰爭中遭到荷蘭和英國壓制的葡萄牙，為了

與兩國抗衡，需要建構國王一聲令下就能馬上動員的軍隊，以及可以火速執行政策的官僚體制。然而整頓這些體制需要花錢，所以政府先是宣布「發現金礦者可獲封騎士」，鼓勵人民在巴西開採金礦。

一旦發現金礦，葡萄牙政府就會向開採金礦者課徵五一稅。五一稅的意思，是指必須將開採到的黃金當中的五分之一繳納給國王。然而在這項政策之下，依然出現未申報或是私賣黃金的人。

政府為了防止人民逃漏稅而加強財務管理，要求採金業者繳交所有砂金，在煉金廠壓延成金板、打上刻印，再把扣除五一稅的金板交還給採金業者，並且禁止無刻印的黃金在市面上流通。大為不滿的採金業者不時群起反抗，但都被政府派出的軍隊鎮壓。

即使歷經千辛萬苦將黃金帶回葡萄牙，國內的財政卻沒有因此變得富足。王公貴族用這些黃金大肆享樂，不斷進口高級商品；而在巴西採到的黃金，就作為交易的貨款，流入英國的口袋中。

祕密專欄

巴西的兩大慶典

每年觀光客超過兩百萬的盛大嘉年華

巴西最具代表性的慶典，就是里約熱內盧的「里約狂歡節」。這場隨著森巴節奏舞動的熱鬧嘉年華，會在每年二月下旬舉行，吸引全球超過兩百萬的觀光客到訪這座城市。

巴西的嘉年華可大致分為三種類型。第一種是日本國內也很知名的「森巴學校遊行」（Escola de Samba），可以見到許多舞者在大馬路上一邊跳舞一邊遊行。

第二種是在市內各地的高級俱樂部裡舉行的化裝舞會。明星藝人和足球選手等各界名人都會共襄盛舉，興奮激昂的女性會穿著單薄的服裝跳舞到天明。

第三類則是人人都能參加的森巴聚會，市內各地皆會舉辦。

和嘉年華同樣盛況空前的慶典，還有六月舉行的六月節（Festa Junina）。這原本是歐洲各地都會舉行，用以祈求豐收的慶典，在十六至十七世紀的殖民時代傳入巴

巴西六月節

西，與原住民燃燒篝火的豐收祭融合而成新的風貌。

巴西人會在六月節這一天，穿著一種名為「Caipira」的鄉村風格服裝。男性服裝是格紋衫，頭戴草帽，並且為眉毛和鬍子精心化妝；女性服裝則是穿著綴有花朵圖案的巴西傳統布料裁成的洋裝，在臉上塗抹出腮紅或點上雀斑。

和日本的夏日廟會十分相似，巴西人會在六月節玩投圈圈之類的遊戲，還會演奏一種名叫佛后（Forró）的音樂，眾人配合手風琴的旋律跳起舞來。餐桌上會擺滿像是慶祝豐收節般以玉米和南瓜製作的佳餚，全體國民都過得歡樂喧囂。

耐人尋味的巴西偉人❷

巴西文學的奠基者

安切塔神父

José de Anchieta

(1534 ～ 1597)

彙整原住民的語言並撰寫成書

安切塔神父隸屬於葡萄牙耶穌會，在1553年為了傳播天主教而來到巴西。翌年1月，他建立起學校和教會，作為傳教用的總部。他將這個地方命名為聖保羅，後來發展成為大城市。

當時，巴西原住民（洞穴人）作為農莊的勞力主要來源而飽受奴役和摧殘，再加上可怕的傳染病爆發流行，導致原住民人口快速減少。所幸有安切塔神父前來保護並照護他們。

雖然傳教士在傳播教義時，會要求原住民在禮拜儀式中使用拉丁語，但他們同時也很勤奮地學習原住民所使用的圖皮語。尤其是身兼詩人的安切塔神父，還出版了第一本講述圖皮語文法結構的研究書，他也因為這項貢獻，而被奉為「巴西文學」的奠基者。時至今日，仍常見到巴西的城鎮、道路、醫院或學校名字常以安切塔神父之名命名，持續傳承。

chapter 3

從殖民地邁向獨立國家

發現鑽石了！

持續開採金礦的米納斯吉拉斯，在一七二七年也發現了鑽石。巴西再度吸引人潮聚集，各地陸續發現了鑽石礦山。

尤其是米納斯吉拉斯，因為黃金和鑽石而財源滾滾，連結南部里約熱內盧的道路交通流量大增，與北部中心城市巴伊亞之間，透過聖法蘭西斯科河的物資運輸也變得十分繁盛。

礦山附近形成村落，人口增加，逐漸發展成城市。這些城市又成為內陸的開發據點，之後在內陸也出現了城市。黃金和鑽石的發現，使得巴西人口從殖民初期十六世紀的十萬人左右，到十八世紀增加到超過三百萬人。

不過此時的內陸城市，人口結構並不是由甘蔗種植園的農莊主人和奴隸組成，在這些以礦山主人為中心建造的城市裡，住有官員、軍人、商人、手工業者、神職人員、知識分子。都市周邊還開墾了農地，出現了自主開拓土地的農民。

這些都市陸續建設起來，讓巴西從遍布農莊的殖民地，轉向發展成為近代國家。

發現鑽石的米納斯吉拉斯周邊（現今地圖）

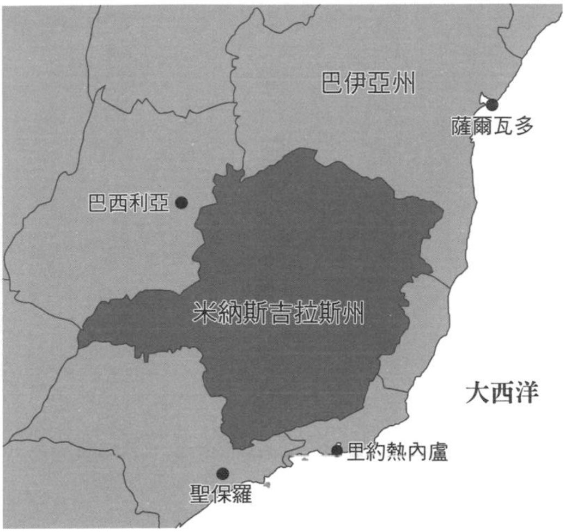

迅速成長的三大城

過去作為巴西經濟中心的地區，是盛產甘蔗的東北部伯南布科和巴伊亞。廣為外國人熟悉的南部的里約熱內盧和聖保羅，在當時仍屬於邊境地帶。

十六世紀中葉，葡萄牙為了對抗試圖入主巴西的法國，在建有港口的里約熱內盧設置總督府。到了十七世紀，葡萄牙與西班牙的領土阿根廷開始對立後，里約熱內盧的重要性與日俱增，也發展成一座繁榮的出口港。

位於里約熱內盧西邊的聖保羅，在十六世紀中葉建設當時人煙稀少，但是在發現金礦後成為開採據點，得以迅速發展。

一七〇九年，米納斯吉拉斯和聖保羅合併成為一個行政區；到了一七二〇年，米納斯吉拉斯脫離，自成一個行政區域。

米納斯吉拉斯、里約熱內盧與聖保羅，這「三大城」就這樣逐漸發展，在一七六三年，殖民地巴西的首都便從北部的薩爾瓦多遷都到里約熱內盧。

獲得自由的黑人奴隸

隨著黃金的開採量在十八世紀下半葉逐漸減少，奴隸也能開始享有自由活動的時間，在這個時間於礦區之外採到的黃金，都合法屬於奴隸所有。

礦山經營者會支付黑人奴隸一定的酬勞，加上勤奮工作獲得的獎金，因此奴隸得以用錢贖回自由之身。獲得自由的黑人彼此互助，不斷增加更多同伴。

站在礦山經營者的角度來看，奴隸雖然是自己的物品，但需要花錢提供飲食以防止他們逃脫，負擔並不小。甚至有些經營者認為比起奴隸，還不如支付酬勞僱用勞工還比較節省。

儘管當時的人提倡解放奴隸，但並不是出於平等看待同為人類的同理心，與現代思維大不相同，不過這樣的呼聲確實也為巴西社會帶來巨大的變革。然而，重獲自由的奴隸並沒有立刻變得富有，依然繼續過著貧窮的生活。不僅如此，大農莊的奴隸制度也依舊延續著。

這時的葡萄牙又如何？

與逐漸改變的殖民地相對比，葡萄牙本國卻發生一場巨大的災難。一七五五年，葡萄牙的首都里斯本發生前所未有的大地震，建築倒塌，火災與海嘯將城市化為一片廢墟。這場天災的罹難者多達六至九萬人，同時也失去了大量的藝術品和記錄葡萄牙歷史的文獻。

國王若瑟一世（José I）將災後重建的任務，交給曾經擔任外交官員的蓬巴爾（Marquês de Pombal）主持。蓬巴爾的本名是塞巴斯蒂昂・若澤・德卡瓦略－梅洛（Sebastião José de Carvalho e Melo），他曾以使節身分出使倫敦和維也納，也隨侍在國王身側，與不少想要建立近代化國家的人士交流，並深受其影響。蓬巴爾以宰相的身分完成災後復興的任務，後來還推動了葡萄牙的改革。

蓬巴爾的大改革

蓬巴爾先是讓那些只會一味反抗國王、在國家施政上制肘的貴族噤聲。一七五九年，他陸續處死了企圖密謀暗殺國王的有力貴族，向國民展現國王的權力。

接著，蓬巴爾下令將對國民影響力更勝國王的耶穌會財產充公，把他們趕出葡萄牙和巴西境內。蓬巴爾認為葡萄牙之所以落後其他歐洲國家，原因就出在教會帶有濃厚宗教色彩的教育方針，所以此舉也體現出國家擁有教育國民的權力。

此外，蓬巴爾將原本由羅馬教廷掌握，連國王都無權干涉的宗教法庭，置於葡萄牙皇家法院之下，也禁止基督教徒歧視猶太教徒。他廢除葡萄牙國內的奴隸制度，也努力實現平等的社會。

除了政治面上的改革外，蓬巴爾也考慮增加國庫收入，於是授權特許公司可以壟斷貿易的利益，進而推動紡織品的手工作坊式的生產模式（由資本家建設工廠，僱

用大批勞工分工快速作業的方法，為工業化之前常見的產品生產模式）。

但是，由於黃金的開採量逐漸減少，國家財務虧損，蓬巴爾只好再度恢復五一稅，引起殖民地的人們大為不滿。

一七七〇年，蓬巴爾憑藉強化國王權力的功績而獲封為侯爵。可是就在一七七七年，若瑟一世駕崩後，原本安分的貴族突然群起反抗，撤銷了他的宰相職務。

美利堅建國，波旁王朝覆滅

蓬巴爾實行改革之際，北美大陸的英國殖民地與本國的歧異日漸加深。雙方最終爆發戰爭，一七七六年，美國宣布獨立。

同年，西班牙進攻包含巴西在內的南美洲大陸葡萄牙領土（西葡戰爭）。葡萄牙因為這場戰爭，暫時失去了拉普拉塔河東岸區（現在的烏拉圭）。

之後，北美大陸持續追求獨立而戰鬥，一七八三年，美利堅合眾國正式獨立。

另外，法國波旁王朝的君主專制引發人民憤慨，於一七八九年群起進攻巴士底獄，揭開法國大革命序幕。四年後，國王路易十六（Louis XVI）遭到處死，法國建立革命政府。

人民推翻王朝這件大事衝擊了整個歐洲，當然這個消息也傳到巴西。

米納斯吉拉斯的叛亂

蓬巴爾下台後，由葡萄牙女王瑪麗亞一世（Maria I）任命的新宰相羅德里戈·德索薩（Rodrigo de Sousa Coutinho）掌握大權。

他延續了蓬巴爾的「授權特許公司來助長國內產

當時的日本

蓬巴爾辭去宰相的同一時期，日本近海有俄羅斯船隻出沒。1778 年，來航厚岸的俄羅斯船要求與日本通商貿易，遭到松前藩回絕。1792 年，拉克斯曼帶著俄羅斯沙皇的國書，以遣日使節的身分再度來航。

業」的政策，以葡萄牙本國的利益為先。可是蓬巴爾在巴西成立的特許公司最終仍遭到廢除，為了發展新產業，原本的工廠也全部解散。

當時的巴西，原先正持續發展可運用亞馬遜雨林豐富木材的造船業、新興的棉花栽培，以及應用棉花的纖維產業，全部都因此暫停。

米納斯吉拉斯因為黃金枯竭，導致出口品減少，但也都無力繳納五一稅。葡萄牙政府為了催繳稅款，於一七八八年派了新首長巴巴塞納子爵過去。

米納斯吉拉斯的地主、礦山經營者、商人、神職人員、軍人因此群起反抗，隔年密謀要殺害新首長，但卻因為有人叛變而東窗事發，主謀的十一人遭到逮捕。雖然所有人在法庭上都判處死刑，不過實際上處死的只有身分最低的實習士官蒂拉登特斯（Tiradentes），其他十人流放到非洲。

瑪麗亞一世原本並不打算處死蒂拉登特斯，但當地官員不只殘酷地絞死他，還連帶殺害他的家人、燒燬住家，將其財產充公。然而也正因為這起事件，令巴西人愈發渴望獨立。

巴伊亞的陰謀

米納斯吉拉斯事件過了九年後，一七九八年八月，巴伊亞州的首府薩爾瓦多各地都貼出了「起義反抗葡萄牙！」的告示。

這次的宣傳，是受到一七九一年法國領土海地（加勒比海島嶼）發生的黑人暴動，受此事件鼓舞的人們發起行動。他們要求解放而試圖掀起暴動，但因為遭到告發而陸續被捕。

當時的巴伊亞人口有六萬五千人，其中將近八成是黑人與白人所生的混血兒穆拉托人（Mulato）。儘管他們沒有工作，過著過著飽受欺壓的悲慘生活，不過帶領運動的領袖多半

都能書寫閱讀，也學到已盛行歐洲的啟蒙思想（用理性矯正社會上的迷信與偏見的思想），追求獨立。

米納斯吉拉斯事件和巴伊亞事件，不僅衝擊了葡萄牙政府，也震撼了農莊主人和礦山經營者等上流階級。但這兩起事件都發生在偏遠都市，並沒有發展成足以動搖國家的獨立運動，政府所做的也就只是努力維持現狀。

景氣大好，卻仍一貧如洗

英國在戰爭中敗給美國，承認美國獨立後，再也得不到美國生產的棉花，於是只好轉向葡萄牙提出「進口巴西棉花」的請求。於是，葡萄牙開始和英國通商貿易，景氣開始好轉。

受到一七九〇年代開始的海地獨立運動（一八〇四年才成功獨立）影響，加勒比海的製糖產業一時停擺，巴西的砂糖得以出口到歐洲。除此之外，菸草、蓼藍、可可豆等巴西的農作物也大量出口歐洲。

但是，出口賺到的利益卻沒有回饋到巴西，而是全部流到了葡萄牙。

而且當時的葡萄牙因為曾在一七〇三年與英國簽訂通商條約（梅休因條約），大量進口英國產品，所以國內經濟實質上反而深受英國經濟所控制。生活在殖民地巴西的人們對葡萄牙母國相當憤怒，開始產生了獨立的念頭。

逃亡而來的女王

所幸有殖民地巴西，葡萄牙的貿易十分順利，在十九世紀初以前經濟一片大好。但是經過法國大革命和接踵而來的混亂，特別是在拿破崙（Napoléon Bonaparte）登上歷史舞台後，情勢頓時改變。

有軍事天才之稱的拿破崙，打著保護法國革命的成果不受外國侵擾的名義發起戰爭，最終演變成為明目張膽的侵略。一八〇六年，拿破崙警告各國「凡是與英國通商者一律制裁」（大陸封鎖令）。

這時的葡萄牙並未遭到拿破崙攻打，保持中立立場。瑪麗亞一世認定無法與英國斷絕關係，但也不可能打贏拿破崙，於是便和神職人員、官員一同逃出國門，一行人在英國海軍的護送下遠渡巴西。

一八〇八年一月，一行人抵達薩爾瓦多，三月來到里約熱內盧，將這裡定為葡萄牙的首都。

殖民地比本國更優先？

其實，葡萄牙遷移王室並非情急之下的倉促決定，而是從以前就不斷探討的選項。畢竟西班牙不時攻打葡萄牙首都里斯本，國防十分艱辛。而作為候補地點的巴西尚有很多未開發的土地，留有相當可觀的發展潛力。巴西的人民也期盼王室的遷移可以消除這裡的殖民地地位。

此外，葡萄牙曾與英國簽訂和約，委託他們防衛巴西。如果與英國斷交為敵，英國可能就會侵占巴西，或是巴西宣布獨立。如此一來，國家財政將會崩潰，所以王室最終才選擇守住巴西，更勝於堅持維護本國。

新首都里約

遷都巴西的葡萄牙王室，為了將里約熱內盧打造成符合首都風範的城市，便制定和實行一套都市計畫。從整頓街道開始，到建設政府機關的行政單位、國立銀行、士官學校、兵工廠，也建造了圖書館和博物館等設施。

葡萄牙王室亦招攬歐洲各國的學者、技師與藝術家，讓里約熱內盧成為一個可以吸收先進學問和文化的地方，後來葡萄牙的移民愈來愈多，在王室遷移後十年，人口已上漲了三倍。

此外，巴西各城市的景色也改變了。在這之前，大地主家中的女主人等上流階級的人士幾乎是足不出戶，會在街上行走的全部都是黑人。可是自從街上開設高級服飾店等商家和劇場以後，上流階級也開始會外出了。這就像是日本在明治維新後，東京和大阪等大城市變得近代化，更多人願意走上街頭散步一樣，是一種文明開化的現象。

順便一提，里約熱內盧的街上販賣日用品的商店雖然增加了，但店裡賣的全都是英國的產品。因為英國產品便宜、品質又好，導致巴西產品乏人問津，令巴西的技師和商人相當不滿。

伯南布科的叛亂

在里約熱內盧正逐漸成長為美麗的近代都市時，西元一八一五年，所向無敵的拿破崙率領法軍，敗給了英國和奧地利、俄羅斯聯軍。為了重建宛如風暴過境般百廢待興的國際秩序，各國派遣代表聚集在維也納召開會議，目標是恢復法國大革命以前的歐洲秩序，會議中也討論了形形色色的議題。
由於葡萄牙王室已遷至巴西，掌權攝政的王儲若翰六世（João VI）面臨了兩難。如果歐洲秩序回復到法國大革命以前，就要將巴西視為原本的殖民地，那究竟是否該在近代化的中途返回原點；而已成為「本國」國民的巴西人民，也對此產生了危機意識。
剛好在同一時期，戰亂平息導致砂糖價格下跌，促使巴西的景氣逐漸惡化。
於是，若翰六世決定讓巴西從殖民地地位升格為王國，改建由自己兼任葡萄牙國王的巴西王國。為避免巴西脫離葡萄牙獨立，所以這個政體的形式是橫跨大西洋的共主聯邦王國。

當時的日本

1810年代的日本處於文化文政時代。講求質樸節儉的幕府，在這個時期改變方針，讓貨幣大量流通，活化經濟。此外，在平民間大受歡迎、曲亭馬琴所著的小說《南總里見八犬傳》，也從1814年開始刊行。

在這樣的局勢之下，一八一七年，伯南布科的中心地區勒西菲，主張脫離葡萄牙獨立的集團起義叛亂。從農莊主人到下級官員，有許多人民參與這場叛亂，但隨後便被國王派出的陸海軍士兵鎮壓平息。

不過，這場叛亂與米納斯吉拉斯和巴伊亞的事件不同，參加的年齡世代和階層相當廣泛，可見獨立運動正在逐漸成熟。

國王陛下回國

這裡也來介紹王室遷移後的葡萄牙狀況。拿破崙戰爭不斷延燒，一直到一八一一年，英軍終於將法軍逐出葡萄牙。可是戰爭結束後英軍依然駐紮葡萄牙國內，並未離去，使得葡萄牙受到英國統治。英國使用葡萄牙的港口任意通商貿易，許多英國的工業產品也流入葡萄牙。

葡萄牙人民的怨氣，最終於一八二〇年爆發。軍人和資本家挺身與英軍作戰，成功將他們逐出國門，在里斯本建立了臨時政府（史稱葡萄牙自由革命）。

翌年，臨時政府召開立憲議會。可是在議會中獲得議席的巴西議員非常少，無法享有充足的發言權。

議會要求若翰六世返回葡萄牙，並解除葡萄牙和巴西的共主聯邦體制，恢復巴西的殖民地地位。巴西出身的議員對此深感危機，開始傾向於支持獨立。

一八二一年四月，若翰六世安排王儲佩德羅（Pedro）以攝政王的身分留在巴西，自己則回到了葡萄牙。

巴西應該要是什麼樣的國家？

雖然巴西人民的目標是獨立建國，可是每個團體的想法卻大不相同。米納斯吉拉斯、聖保羅和里約熱內盧的大地主，以及坐擁巨富的商人，都期望巴西繼續維持與葡萄牙的共主聯邦制度；即便獨立了，也應當維持有國王統整全國的君主政體。

可是相對地，醫生、律師和神父等都市裡的中產階級，則是期望可以施行選任代表，在議會中商討決定國家方針的共和政體。

但是，從一八二一年葡萄牙的立憲議會上，巴西議員遭到輕視的前例來看，雙方都明白葡萄牙本國試圖讓巴西重新恢復為殖民地，於是最終決定以國王為中心、由議會制定國家政策的立憲君主制。

不獨立，毋寧死

原本在立憲議會上，解除了巴西與葡萄牙的共主聯邦制，巴西當地政權由設置在里斯本的攝政府主掌。留在巴西的王儲佩德羅雖然考慮趁此時獨立，但身邊的親信全都是葡萄牙人，並沒有那麼容易付諸行動。

這時，本國送來了一張傳票，內容等同於敦促佩德羅「儘快回國」。隨著傳票一同寄來的，還有一封他的心腹若澤·博尼法西奧（José Bonifácio）的信，上面寫著「吾支持獨立」。

王儲終於痛下決心，大聲宣誓「不獨立，毋寧死」。由於佩德羅讀信的地點位於伊匹蘭加河畔，所以這歷史性的一刻，就稱作「伊匹蘭加的呼聲」。

一八二二年一月，王儲宣布要留在巴西。駐紮巴西的葡萄牙軍人與由巴西人組成的民兵爆發戰鬥，民兵接受英國和美國的支援，戰勝了葡萄牙軍。

十月，佩德羅在里約熱內盧以巴西皇帝佩德羅一世的頭銜即位。巴西帝國就此成立，成功脫離葡萄牙而獨立。

巴西何以沒有走向分裂？

自從一八〇八年拿破崙率軍入侵西班牙，南美洲原本由西班牙統治的地區，分別建立起北方的哥倫比亞和委內瑞拉、南方的智利和阿根廷等國家。但是，占據將近一半南美洲大陸的巴西，其廣闊的領土在獨立之後卻沒有分裂成數個國家。

沒有分裂的原因之一，就在於沒有人抗拒君主政體。拿破崙戰爭期間，葡萄牙本國一度遭到法國入侵，可是王室在這之前就遷到巴西，這也是為什麼巴西人民能理所當然接受君主體制的原因。

另一個因素，則是各階層有志一同排斥英國的統治，因此巴西才能避免內部勢力分裂的局面。

當時的日本

佩德羅王子在伊匹蘭加宣誓的時期，日本完成大日本沿海輿地全圖。這張地圖是自1800年起耗費17年，由測量日本全國土地的伊能忠敬等人繪製而成。然而伊能在完成前即辭世，由其師父之子高橋景保接手完成。

最早承認獨立的國家

從當時的背景來看，巴西的獨立是以很奇妙的形式實現。同樣位於南美洲的周邊國家，大多採行主張自由和平等的共和政體，沒有君主。可是巴西卻違背時代的主流，特意建立起帝國體制。法國大革命推翻了君主政體，後來登基為皇帝的拿破崙也垮台，可見歐洲對帝國也沒有什麼好印象。

然而，最早承認巴西獨立的國家，卻是沒有君主的美國。當時的美國還警告歐洲各國無權介入美洲大陸內政，這對新成立的巴西帝國來說可是值得歡迎的好消息。

不過，為獨立後的巴西和葡萄牙居中調停的國家，竟然是英國。在宣布獨立三年後的一八二五年，巴西必須支付葡萄牙兩百萬鎊的賠款。這是英國出的主意，以金錢換取葡萄牙承認巴西獨立。

由於賠款是向英國借貸清償，所以等於巴西欠了英國一大筆錢；再從國際貿易的層面來看，巴西的經濟也必須時時仰賴成為「常客」的英國。

耐人尋味的巴西偉人❸

矢志追求獨立的牙醫師

蒂拉登特斯

Tiradentes

（1746～1792）

以獨立精神的英雄象徵名留青史

4月21日是巴西的國定假日。正是在1792年的這一天，葡萄牙政府實行蒂拉登特斯的絞刑。蒂拉登特斯這個名稱其實是綽號，「tira」是拔，「dentes」是牙齒的意思，他的本名是若阿金．若澤．達席爾瓦．沙維爾（Joaquim José da Silva Xavier）。

蒂拉登特斯出生於貧窮的農家家庭，長大後成為牙醫師，同時也是對抗葡萄牙暴政的團隊成員。就在這個革命團體正要為了爭取獨立而密謀行動之際，卻因為有人密告而遭逮捕。在他被判處死刑後，其遺體還被肢解，曝屍街頭。

1822年，巴西獨立之際，新政府為了宣揚締造獨立運動契機的蒂拉登特斯之名，於1889年推動立法，將這一天訂定為國定假日。里約熱內盧建有蒂拉登特斯宮，並且設立其雕像以茲紀念；而在米納斯吉拉斯州，也保留以他為名的城鎮。

chapter 4

巴西帝國

要絕對王權，還是要立憲？

獨立的巴西需要規範國家定位的憲法。一八二三年五月，立憲議會開始討論憲法的具體內容。

佩德羅一世期望自己可以坐擁大權，但根據立憲君主制的基本原則，君主的權力會受到憲法規範。議會中主張賦權佩德羅一世的派系，與主張限制其權力的派系互相對立。起初還支持皇帝的宰相若澤．博尼法西奧，因不滿佩德羅一世曾處罰過反對獨立的人士，轉而支持限制皇權。

怒不可遏的佩德羅一世動用軍隊解散議會，並將主張應限制皇帝權力的議員通通流放國外。議會解散後，佩德羅一世將支持自己的十名議員任命為憲

當時的日本

1823年，荷蘭商館醫師西博爾德搭船來到長崎。身為一名優秀醫師的西博爾德，獲得許可後便得以離開出島診治病人。翌年，他在長崎的鳴瀧買下一間房子，命名鳴瀧塾，在此教導高野長英和50多名學生醫學和自然科學。

法起草特別委員，催促他們儘快訂立新憲法。

量身打造的集權憲法

新憲法在一八二四年三月，以皇帝頒布給國民的形式公布，全部共有一七九條。重要的條文為以下六條。

①巴西的政治體制為世襲君主制與代議制。皇帝之下設置議會，採上議院與下議院的二院制。議員透過選舉選拔，組成議會。

②皇帝擁有議會的召集與解散、任免地方首長、在外交上代表國家的權力，以及軍隊司令官與外交官的任命權。

③制定法律的立法權、審判的司法權、實行政策的行政權分別獨立（三權分立）。

④皇帝獨立於立法、司法、行政三權之外，有權任命上議院議員、解散下議院議會，亦可干涉議會制定的法律。

⑤ 明訂國教為羅馬天主教，允許因蓬巴爾改革而被流放的耶穌會恢復傳教活動。

⑥ 議員選舉的投票權僅限於二十五歲以上且納稅的成年男性（當時的巴西人口約有四百萬人，當中有投票權者僅約六千人）。

看過這些條文以後，可以發現憲法的內容只是鞏固了皇帝的專制體制。就在憲法頒布之後，長達兩年以上都不曾召開議會。

佩德羅一世也徹底忽略地方首長的權限，對地方政治頤指氣使，導致各地追求共和政體的聲浪日漸壯大。儘管在這個時期，巴西的砂糖和棉花出口業持續低靡，關心政治的人卻比獨立以前更多了。

赤道聯盟大失敗！

在頒布憲法的一八二四年七月，獨立前曾發生叛亂的伯南布科反對皇帝專制，要求自治權的人民奮起抗議。

這場發生在勒西菲的起義，轉眼間便擴散到了整個伯南布科。叛軍宣布和北里約格朗德等周邊地方勢力共同組成「赤道聯盟」。

新組成的赤道聯盟，其目標是成立以美國為楷模的共和體制，可是內部意見卻未能整合，各個城市的有力人士彼此對立，就連醫師和律師等階層也認為平民似乎不該參與政治。

佩德羅一世早就預料到事態會這麼發展，於是召集了包含外國人在內新編組的陸海軍，在九月進攻勒西菲，鎮壓了赤道聯盟的活動。其他地區的赤道聯盟勢力雖然也挺身反抗皇帝的軍隊，可是最終仍在十一月不敵投降。佩德羅一世毫不猶豫地處死叛軍的領袖。

緩衝帶的新興國家

赤道聯盟的起義平息後，接著是拉普拉塔河東岸區（巴西與阿根廷的交界處）勢力開始蠢蠢欲動。依照《托德西利亞斯條約》規定，這裡原本是西班牙的領土，但因為已經開採不到黃金和白銀，長年荒廢。

自從葡萄牙在一六八〇年建設科洛尼亞市，作為商業貿易據點以來，西班牙和葡萄牙兩國都主張拉普拉塔河的東岸區屬於自家的勢力範圍，兩國之間的對立也因此嚴重加深。

之後，在一七七六年到一七七七年，葡萄牙在西葡戰爭敗北後，一度失去這片土地，不過若翰六世在巴西與葡萄牙共主聯邦的時期占據這塊土地，設為西斯普拉蒂納併入領土。

一八二五年，西斯普拉蒂納為求獨立而發起暴動，支援獨立的阿根廷旋即與巴西開戰。剛獨立的巴西尚未清償給葡萄牙的賠款，因此國內反對戰爭的人強烈抨擊佩德羅一世。

戰爭膠著了三年後，英國介入調停，雙方簽訂和約。這片土地獨立成名為「烏拉圭」的國家，作為巴西與阿根廷兩國之間的緩衝地帶。

皇帝重回葡萄牙

戰爭使巴西的財政嚴重虧損。佩德羅一世為了解決這個困境，便發行公債向國民和外國貸款、加印紙幣，試圖增加國家資金。

然而，此舉卻加速通貨膨脹（貨幣價值下跌），導致物價上升，巴西中央銀行破產。「這都是皇帝害的！」國民究責的聲浪愈發高漲，佩德羅一世的立場隨即變得岌岌可危。

就在這時，一八三〇年法國發生革命（七月革命），市民起義，推翻了繼拿破崙之後復辟，君臨法國的波旁王朝。這個消息傳到大洋另一端的南美洲後，令巴西國民的氣勢更加壯大。

佩德羅一世延攬那些曾經批判自己的政治家進入內閣，展現出改革的姿態，可是此番舉措仍不為國民所接受。束手無策的佩德羅一世被迫在一八三一年四月讓位給王儲佩德羅，隨後離開巴西，回到葡萄牙。

即使支持佩德羅一世的勢力發起復位運動，但三年後佩德羅一世因肺結核去世，這場運動只能無疾而終。

攝政時期

佩德羅一世離開後，巴西政府內部原本占多數、重視與葡萄牙關係的派系發言聲量急速下墜，關注

當時的日本

佩德羅一世退位前一年的1830年，日本掀起一股組團參拜伊勢神宮（御蔭參拜）的風潮。這一年，有500萬來自江戶和大坂的人到訪伊勢。來自各令制國的人們在御蔭參拜時相會，甚至還交換不同品種的稻米。

巴西國家利益的黨派聲量則是逐漸成為主流。他們期望結束皇帝專制後，可以實現以議會為中心的共和政體。

佩德羅王儲當時年僅五歲，所以直到他成年這段大約十年的期間，都是由費約神父（Diogo Antônio Feijó）等人攝政，主持政務。

此外，當時的議會多數派是鼓吹自由主義的保守派，由其成員組織內閣。輔助攝政的內閣支持者，大多是北部的甘蔗農園主人，以及當時正在崛起的南部咖啡莊園經營者。這兩股勢力為了守護自己的利益，毫不留情地打壓反對人士。

騷亂不斷的一八三〇年代

帝國進入攝政時期後，國內的騷動、起義活動仍持續不斷。一八三五年，點燃叛亂導火線的是巴伊亞州的黑人。他們計劃縱火焚燒街市，但因走漏風聲，及時被軍隊逮捕（史稱約魯巴人起義）。黑人占多數的巴伊亞的市民得知這個計畫後，都嚇

1830年代發生的各地叛亂

依照金七紀男《図説ブラジルの歴史》P.55製圖

得直打哆嗦。

同年，北部的格羅帕拉有原住民和黑人等貧窮的農民發起叛亂（史稱卡巴納吉姆起義）。這個地區的農民和黑人無處申訴自己的怨氣，與擁戴首長的資產階級之間也持續爆發衝突。

農民趁著上層階級捲入權力鬥爭之際，占領了中心地區貝倫，宣布格羅帕拉獨立。

政府軍隨後封鎖亞馬遜河河口，阻止叛軍活動，最終成功鎮壓。這場亂事造成雙方合計超過三萬人死亡。

同一年，位於南部的南里約格朗德，牧場主人因巴拉圭出口的便宜肉乾而損失慘重，便向政府求助，但政府不予理會。隨後牧場主人起義示威（史稱破衫戰爭）。翌年，叛軍宣布成立里奧格蘭德共和國，又與政府軍纏鬥九年，最終仍遭鎮壓。

一八三七至三八年，巴伊亞市民為了建立共和政體而再度起義，與政府軍經過一番激烈的交戰後，最後遭到壓制（史稱薩比納達起義）。

一八三八年，在盛產棉花的北部馬拉尼昂，貧窮的農民攻擊農莊主人，大肆洗劫（史稱巴萊亞達起義）。當時的馬拉尼昂人口約有二十多萬人，其中有九萬人是奴隸，剩下的幾乎都是貧窮的農民。這場叛亂持續了三年，結果也被政府軍鎮壓。

由於不時發生這些叛亂，政府緊急建設國民軍，並且下令地方自治體成立民兵組織，以應付各地的騷動。

回歸與進步

正當叛亂連綿不絕地席捲各地之際，議會裡提倡地方分權、擴大選舉權、限制皇帝權力的自由主義激進派，與主張維護大地主利益的自由主義保守派，以及期望回歸帝制時代的復辟派，這三股勢力相互對立。屬於多數的自由主義保守派，又分裂成期望前任皇帝佩德羅一世復位的回歸黨，以及期望實現共和政體的進步黨。

回歸黨和進步黨的對立加深，導致政局變得更加混亂，進步黨批判攝政府無能處理國內問題，試圖恢復君權專制。當時，皇帝的成年年齡為十八歲，為了讓年齡未滿的佩德羅王儲登基，他們還特地修憲，降低了皇帝的成年年齡標準。

一八四〇年，佩德羅王儲以佩德羅二世（Pedro II）的頭銜正式登基。從此以後，回歸黨改名為保守黨，進步黨改稱自由黨，這兩大政黨在皇帝之下召開的議會中，開啟政權輪替的第二帝制時期。

編制巴西軍隊！

佩德羅二世即位後，鼓吹共和政體的聲浪並未因此停歇。一八四八年，聖保羅和米納斯吉拉斯都出現疑似革命的動向，雖然兩次活動都早一步遭到軍隊鎮壓，但巴西國內的情勢仍然持續動盪。

同年十一月，皇帝為了避免政治動亂，將政權從自由黨移交到保守黨，結果引發自由黨的支持者反彈，並且在伯南布科發起叛亂暴動。

當時，這片土地的權力都集中在部分大地主的手上，只允許葡萄牙商人活動獨占利益。

對此深感不滿的巴西人（海濱黨人）為，了驅逐葡萄牙商人、要求擴大僱用巴西人而發起抗議活動（海灘起義）。

然而，國家議會卻忽視海濱黨人的訴求。憤怒的海濱黨人便進攻勒西菲，要求實施普選、開放言論自由和平等的就業權利。可是這場叛亂最終遭到政府軍平定。就在政府反覆鎮壓暴動和叛亂勢力崛起的過程中，軍隊組織也正逐漸成型。由士官學校出身者擔任軍官，效仿法軍編制的巴西國民軍隊就此誕生。

從砂糖邁向咖啡時代

獨立後的巴西，咖啡產業取代了砂糖和黃金，大幅成長。

巴西與咖啡的關聯最早始於一七二七年，從法屬圭亞那引進咖啡樹苗輸入帕拉。與甘蔗農園相比，咖啡莊園（Fazenda）不需大規模的設備，自然容易發展。

不僅如此，巴西在一八五〇年以前的法規規定，任何人都可以免費取得農莊用的土地。雖然從種樹到採收需要花上四、五年，但只要籌備好僱用奴隸的資金，就能較為輕鬆地開始生產咖啡。

當時的歐洲，新興的社交場所「咖啡館」開始盛行，所有哲學家會在此聚會，相互交流思想與辯論，企業家也會在此收集情報，這樣的社交文化在當時蔚為風潮。到了十九世紀，平民也開始喝得起咖啡，於是除了英國以外，輸往歐洲各國的咖啡出口量都大幅增加。

沿著流經里約熱內盧東北部的帕拉伊巴河，咖啡莊園不斷拓展，收穫量也順利增長。同時，巴西的肥沃農地不需要施肥，直到再也長不出果實為止都可以持續採收，因此也就沒有必要不斷開發土地。

咖啡在一八五〇年代的巴西出口總額上升到百分之五十，甚至超越了過去占大半的砂糖出口總額。

與巴拉圭纏鬥

隨著咖啡莊園的擴張，巴西的領土也往西大幅拓展，因而與鄰近的阿根廷、巴拉圭和烏拉圭發生嚴重的領土糾紛。

流經烏拉圭和阿根廷國境的拉布拉他河，也發生物資運輸的問題。拉布拉他河是由薩拉多河、巴拉圭河、烏拉圭河匯合而成的河川，四個國家都主張自己有安全航行的權利，不時發生齟齬爭鬥。

一八六四年，巴西進攻烏拉圭，烏拉圭向巴拉圭求援。巴拉圭認為這是天賜良機，同年派軍隊攻打巴西和阿根廷，以及求援的烏拉圭。此舉自然促成巴拉圭以外的三國聯合起來反抗（巴拉圭戰爭）。

事前早已準備開戰的巴拉圭，以壓倒性的軍事力量擊敗阿根廷和烏拉圭，隨後正式對戰巴西。然而巴西早在戰爭時期強化了軍力，其海軍戰力甚至可與巴拉圭勢均力敵。

當時的日本

1860年上半葉，日本正處於幕末動亂。1863年，長州藩砲擊外國船，翌年因池田屋事件進攻京都失敗，遭幕府派兵征討。1863年，英國和法國等四國艦隊為了報復而砲擊長州藩，占領下關的砲台。

經歷長期戰爭之後，一八七二年，巴西與巴拉圭劃定以阿帕河為邊界。阿根廷與巴拉圭的協商則拖延了許久，最終於一八七六年簽訂和約。

雖然巴西確保了水運通航的安全，可是戰爭中籌備武器和彈藥的資金都是向英國貸款，導致巴西必須比以往對英國更加唯命是從。在國內，軍隊認為「我們拚命作戰，卻沒有獲得應有的報酬」，而對政府和皇帝深感不滿，轉向支持共和政體。

解放奴隸

在甘蔗農園內被迫做粗活的黑人奴隸，即使到了咖啡莊園，勞動環境也沒有絲毫改變。到了十九世紀，歐洲國家主張奴隸制度違反人權、應當解放奴隸的呼聲愈來愈高。

巴西因為一八一〇年葡萄牙和英國簽訂的通商條約而禁止買賣奴隸，可是咖啡莊園裡仍投入大量的奴隸，奴隸走私行徑亦從未斷絕，完全無視條約的規範。

一八五〇年，在英國的施壓下，巴西正式立法，禁止奴隸貿易，並嚴格取締奴隸走私。奴隸不再引進國內，勞動成本隨即急速攀升，莊園經營者必須另外僱用勞工。順帶一提，在當時發行的報紙上也刊登了奴隸制違反基督教倫理觀的文章。

不過，擁有奴隸的地主仍持續頑強地反抗，然而就在一八六三年，美國在南北戰爭期間宣布解放黑奴以後，情勢頓時改變了。

一八六〇年代的下半葉，歐洲各國工業化的腳步停滯不前，經濟陷入不景氣；美國接受移民的限制又很多，於是來自義大利、西班牙、葡萄牙的失業人口便紛紛流入了巴西。

雖然這些新移民並非黑人奴隸，但缺乏勞工的巴西依然僱用為廉價的勞力。

一八八八年，曾經赴歐洲考察的公主伊莎貝爾（Isabel），在暫代佩德羅二世攝政的期間，簽署了廢除奴隸制的法令。當時超過七十二萬人的奴隸終於獲得解放。

解放後離開莊園的黑人，大多都聚集在城市周邊環境惡劣的地區，過著得過且過的生活。這些地區後來就發展成貧民窟，在巴西又有「野花村」（Favela）的別稱。

鐵路完工

巴西在農業以外，原本只培育出小規模的紡織業和鋼鐵業，不過從十九世紀下半葉開始，工業迅速發展。英國也提供資金和技術，助一臂之力。

在這個時期，開通和發展鐵路運輸的領袖人物，正是伊里努・伊萬格里斯塔・德索薩（Irineu Evangelista de Sousa），一般通稱為毛阿子爵。

巴西的第一條鐵路開通於一八五四年，連接里約熱內盧和其北方七十公里處的彼得羅波利斯。可以準確且迅

速運送物資的鐵路大受好評，於是從桑托斯港和聖保羅之間的鐵路開始，鐵道路網沿伸至各地，聖保羅也進一步發展成鐵路交通網的中心。

確立了鐵路運輸管道後，新的莊園也持續開闢，使巴西的咖啡產業更加擴大。各個城市也隨之步入近代化的進程。來自歐洲各地的移民來到巴西後，不僅帶動國內發展更加朝氣蓬勃，紡織產業也逐步成長。

不過，當時的巴西經濟仍然受到英國所左右。要是賺了太多錢，就會遭到英國施壓，被迫降低關稅來引進相對便宜的進口商品。如此一來，劣質的巴西產品就會滯銷，不時面臨銷售危機。

爆發軍事政變

巴西的人口在一八七二年超過一千萬人，可是擁有選舉資格的人數大約僅有二十萬人。佩德羅二世有權解散下議院，而他又經常行使這項權力，導致巴西的政局總是動盪不安。渴望更多支持者的佩德羅二世，會將爵位封給政治獻金者，或是容許在選舉時期的賄選行為，明目張膽地做出違法行徑，在政壇上下串通勾結。

在首都里約熱內盧，主張廢除帝制、採行共和政體的聲浪愈來愈高；加上聖保羅由政府任命的首長實行以國家優先的政策，導致人民怨聲載道。

一八八九年六月，掌握政權的自由黨內閣提出改革方案，卻遭到保守黨反對而未能實現，議會解散。主張共和政體的黨派無法贏得選舉，所以軍人出身的教育家班傑明・康斯坦（Benjamin Constant）便試圖拉攏軍隊。當時正值巴拉圭戰爭結束，政府不願支付年撫金給軍人遺族，因而軍隊與政府的關係勢如水火。

同年十一月十五日，以德奧多羅・達・豐塞卡（Manuel Deodoro da Fonseca）將軍為首，軍隊決心推翻帝制，包圍了王宮。佩德羅二世被迫離開國門，流亡葡萄牙。巴西的第二帝制時期就此結束。

巴西的足球榮光

卡波耶拉腿法，令巴西球員盤球都帶有韻律感？

說到最能代表巴西的運動，當然非足球莫屬了。巴西足球的根源始於一八九四年，英裔巴西人查爾斯・米勒（Charles Miller）將足球這項運動引進巴西。

一九一九年，在南美足球錦標賽（現在的美洲盃足球賽）中，巴西國家代表隊贏得冠軍後，足球便成為大受歡迎的國民運動。最初的足球俱樂部還只有白人會員，但一九二三年里約熱內盧的瓦斯科達伽馬俱樂部的足球部門，在黑人與穆拉托人的活躍下擊敗名隊贏得冠軍後，備受種族歧視的黑人憑藉實力，開拓一條進軍足球界的大道。

巴西社會學家兼文化人類學家吉爾貝托・弗雷雷（Gilberto de Mello Freyre）分析，黑人選手的盤球技巧也受到傳統武術卡波耶拉的影響，這也是巴西足球的特徵。足球和森巴都作為國民精神的象徵，融入新的國家體制之中。

巴西首度贏得世界盃足球賽，正是十七歲的球員比利（Pelé）大顯身手的一九五八年瑞典大賽。比利被譽為二十世紀最傑出的足球員，更被球迷冠以「球王」的稱號。

另一名知名球員奇哥（Zicc），背負著比利退役後率領巴西足球的希望，因此又被球迷親切稱為「白比利」。他活躍於一九八二年的世界盃足球賽，翌年入選為全球年度最傑出球員，後來也出任日本代表隊的教練。

活躍於一九九〇年代的羅馬里歐（Romário de Souza Faria）和羅納度（Fonaldo Luís Nazário de Lima），不只在巴西國內，在全世界各國也都很受歡迎，又稱作「足球史上最強雙塔」。

耐人尋味的巴西偉人④

對巴西近代化貢獻深遠的企業家

毛阿子爵

visconde de Mauá

（1813～1889）

建設銀行和鐵路，大力推動國家發展

1850年，巴西禁止奴隸貿易後，陸續拓展新產業的功臣就是毛阿子爵。

毛阿出生於貧窮家庭，年紀11歲便離開里約熱內盧，在1830年左右開始為英國商人工作。1840年，毛阿遠渡英國，得以增廣見聞，並且在學成歸國後獨立創業，自此成為一名企業家。

之後，他在南美洲設立了第一座正式的造船廠。1852年，他又創設亞馬遜河汽船公司，為巴西帝國海軍和商業運輸貢獻良多。

除了上述創舉外，毛阿還在里約熱內盧的街道上廣泛設置瓦斯燈，提供照明；另外也開設巴西第一間中央銀行，以及建設第一條鐵路、鋪設巴西連接歐洲的海底電纜設備，參與許多能夠強力推動巴西邁向近代化的重大工程。企業家毛阿的這些建設舉措也受到政府認可，於1874年獲封為子爵。

chapter 5

共和政體開始

任期不滿一年的首任總統

一八八九年十一月，帝制結束的同時，巴西宣布開始實施共和政體，為了制定新憲法而組織臨時政府，革命勢力的中心人物豐塞卡將軍被選為領袖。

兩年後，頒布巴西聯邦共和國憲法（一八九一年憲法），國名改為巴西合眾國。這部憲法參考美國憲法，明記立法（國民議會）、行政（總統）、司法（聯邦法院）三權分立。

國民議會採上議院（聯邦參議院）和下議院（眾議院）的兩院制，上議院為各州三席，下議院依照各州人口分配議席數。不過，擁有選舉權的只有具備讀寫能力的二十一歲以上男性，符合資格的國民僅僅只有總人口的百分之二左右。

透過選舉當選為首任總統的豐塞卡，打算實施鐵腕統治，因而與副總統佩紹托（Floriano Vieira de Araujo Peixoto）和議會對立。加上他和渴望參與選舉的海軍為敵，結果上任僅九個月就被迫辭職下台。

巴西聯邦共和國憲法規定的三權分立

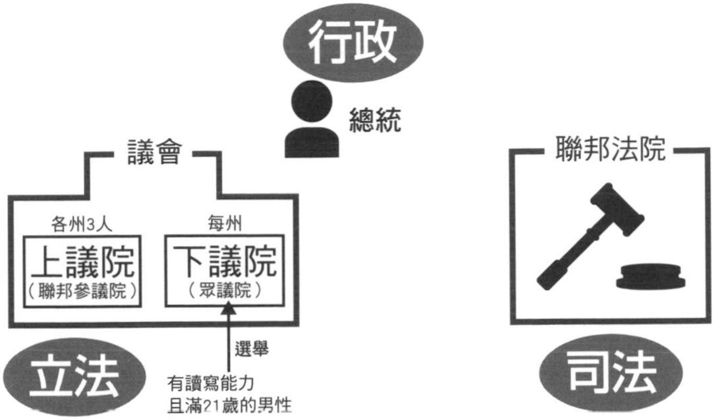

儘管新體制建立之初就面臨這場混亂，但除了立憲以外仍順利推行新的政策，其中之一就是政教分離，也就是切割天主教和政治的關聯。

過去作為巴西國教的天主教已經在國民之間根深蒂固，與教會共度人生重要階段的國民，因此失去了心靈的支柱。

巴西的知識分子從十九世紀初開始，就主張應從事物的現實面出發，務實思考；而在開始實施共和體制後，他們更加強調這個觀點。在共和政體開始後不久便設計完成的國旗，上面就寫著「秩序和進步」的字樣。

州長了不起！

接下來，我們繼續看巴西開始實施共和政體後造成的影響。

首先，地方的行政區劃轉變為擁有較多自治權的州。新出爐的二十個州都擁有強大的自治權，每個州都有自己的憲法，而且為了確保地方政府的財政收入，各州可以擁有土地和礦山。此外，出口時所收取的關稅也是各州自己的收入。

另一方面，聯邦政府仍保有鐵路和堡壘等設施，收入也僅限於進口稅、船舶入港稅、郵件資費等等。各州的收入差異很大，其中收入特別優渥的聖保羅和里約熱內盧等大城市的州長都擁有很大的權力，在州長選舉時，他們甚至有權拒絕支付國家補助金給不願意合作的農莊主人。這些州長對國家也享有很大的發言權，足以影響總統選舉。

這種州的勢力強大、政府勢力弱小的政治體制，卻為巴西的社會帶來安定。

巴西合眾國的20州

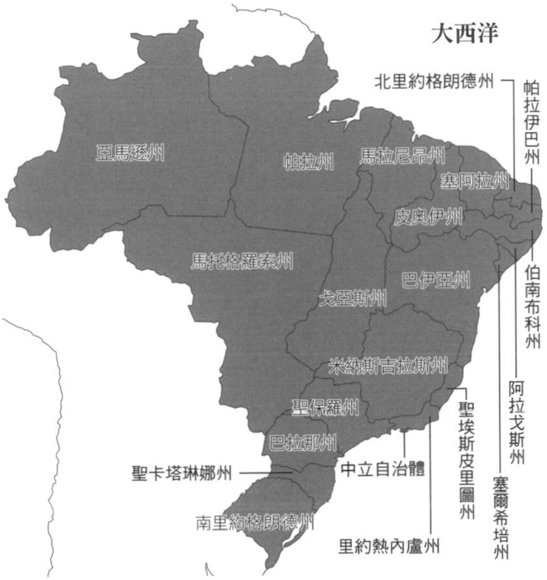

上校主義

支持勢力強大的州長的，是名為上校（Coronel）的大莊園主人。他們因為平息以農民為首的貧窮人士發起的叛亂，受到州長感謝而獲封上校的稱號，也一併得到不少的權力。

上校支持確保自身權力的候選人，而當時的選舉是以莊園為單位來投票，所以他們會在莊園內宣傳「票投某某人」。當然，不願聽從州長指示的上校都會遭到排擠。

在上校的大莊園裡工作的農民，遇到歉收時也能獲得補助，有上校幫忙出面解決問題。也就是說，上校和農民儼然就像主僕關係。

巴西的社會底層是農民，往上依序是上校、州長，總統位於頂點，呈現金字塔型的結構。這種體制就稱作上校主義（Coronelismo）。

從軍人總統到平民總統

當選為第二任總統的弗洛里亞諾．佩紹托，原本是一名軍人，他與共和主義者性情相投，不顧咖啡生產者團體的反對，堅持採行保護工業的政策，帶領國家走向近代化的同時，也通過降低房租而贏得民眾的支持，努力維護共和政體。同時，在他任期內一旦爆發反政府勢力叛亂，他就會以軍事力量為後盾來嚴加處置。佩紹托在一八九四年任期期滿後便卸任。

同年的總統選舉中，以聖保羅為中心的咖啡生產者團體支持的普魯登特．德．莫拉伊斯（Prudente de Morais）當選。莫拉伊斯是聖保羅州長，是自巴西實施共和政體以來的第三任總統，也是首位平民總統。莫拉伊斯將軍人排拒在議會之外。雖然此舉遭到外地軍人反彈，不過他動用國軍平息了這場騷動。

繼莫拉伊斯之後、在一八九八年就任為總統的，是過去曾以財政部長的身分大刀闊斧的坎波斯．薩萊斯（Campos Sales）。薩萊斯向歐洲各國貸款，用於解決巴西的財政問題。

卡努杜斯的悲劇

在佩紹托、莫拉伊斯與薩萊斯接連任總統的十九世紀末，巴西的農民始終被迫過著貧苦的生活。尤其巴西的東北部在一八九三年遭逢大乾旱，當地人民只能苟延殘喘度日。

在過去，每當人民生計受天災威脅時，都會有教會伸出援手，可是現在憲法已經規定政教分離，導致教會舉辦的宗教活動也處處受限。失去心靈寄託的農民精神狀況愈來愈不穩定，對此無法視而不見的傳教士安東尼奧（Antônio Conselheiro），本著基督教的濟世精神展開了救濟活動。

安東尼奧號召群眾在巴伊亞州的卡努杜斯村建立聖地，農民紛紛掏出自己僅有的財產響應，參與這場運動的人數據說超過三萬。

一八九六年，地主失去能在莊園裡工作的農民而飽受嚴重損失，出面反對聖地建設運動，導致雙方爆發衝突。站在基督教會的立場來看，安東尼奧的活動並不符合教義，所以並未出面承認他的正當性。

政府對此決定派出軍隊對付安東尼奧，翌年便進軍卡努杜斯村。雖然農民奮力抵抗，但依然被重裝的五千士兵滅村（史稱卡努杜斯戰爭）。

一九一二年，南部巴拉那州和聖卡塔琳娜州的交界處，當地農民抗議鐵路公司收購所有土地，在宗教領袖的帶領下發起示威活動，但這場運動也遭到政府軍鎮壓。

無處可去的農民當中，有人加入了名為坎加塞羅（Cangaceiro）的強盜集團。坎加塞羅會襲擊打劫領主的宅邸，輾轉流浪各地。

深入叢林找橡膠

對於渴望基督救贖的農民來說，唯一的好消息就是巴西西北部的亞馬遜州，開闢了橡膠農莊。

十九世紀下半葉，美國的汽車產業興起後，巴西作為輪胎原料的橡膠產量便迅速增加。每一公頃叢林中大約有十棵橡膠樹的亞馬遜州，成為橡膠的一大產地。期望

現在的阿克雷州與阿克雷共和國的國旗

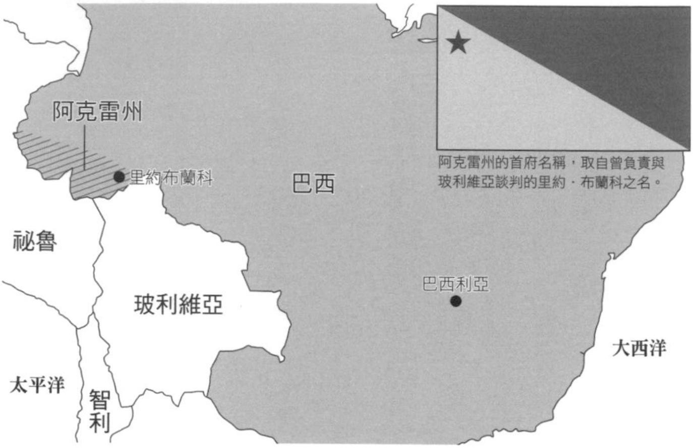

藉此大撈一筆的資本家和勞工紛紛從巴西國內外蜂擁而來。

由於橡膠只需要從樹上採集樹汁，作業非常單純，所以沒有必要特地建設大農莊，但若要藉此發財，還是需要數千棵橡膠樹。飽受乾旱之苦的農民，為了成為採橡膠的工人而流入了亞馬遜州。

巴西人繼續深入叢林深處，在十九世紀末來到玻利維亞的阿克雷地區，建立阿克雷共和國。這件事使巴西與玻利維亞發生領土糾紛，一九〇三年，巴西從玻利維亞買下阿克雷作為本國領土。這就是現在阿克雷州誕生的原委。

此外，巴西也因為亞馬遜的蓋亞那地區，和英國、法國、荷蘭、哥倫比亞發生糾紛，所幸經過外交部長里約・布蘭科（Rio Branco）的協商後化解爭端。

移民多達一百萬人！

一九〇六年，阿方索・佩納（Afonso Pena）當選為總統時，巴西經濟因橡膠出口而景氣大好，工業和商業大幅發展。而支撐這些新興產業的力量，就是廣大的移民族群。

為了解決失去奴隸的咖啡莊園人手不足的問題，巴西政府開放移民，這項政策也吸引多達一百萬人的歐洲移民便大量湧入。

當時的日本

日本到巴西的移民始於1908年。這一年，笠戶丸載著781人來到桑托斯港，其中也不乏在巴西成功後返回日本的人。大多數日本人儘管薪資低廉，也選擇定居在巴西，成為日裔巴西人。

移民不只是在農村，也開始在城市地帶的工廠和餐館工作，帶動起食品和服裝產業的發展。大莊園破產後，由政府主導劃分莊園，並將土地分售給農民。有些獲得土地的農民，會專門為生活在都市的居民生產蔬菜和穀物。

工業發達的背後

工業發展對國家來說是好事，可是工廠的環境卻非常惡劣。當生產作業逐漸機械化後，勞工的工作事項變得固定而單純，必須仰賴長時間的勞動來賺取低廉的薪水，一旦犯錯就會遭受鞭打等嚴厲的體罰，女性與兒童的工資更是低廉。

在城市地區，中小型商店和城鎮工廠的經營者、生產國內消費農產品的農民、醫師、律師、教師、軍人等中產階級愈來愈多。此時的中產階級也開始加入從農業和商業學校畢業後出社會工作的人們，不過才剛開始在社會上活動的這些人沒有權利參與政治，因此不滿的聲浪愈來愈大。

另一方面，咖啡莊園的主人開始關心政治。受到大莊園主人支持的聖保羅、里約熱內盧、米納斯吉拉斯這三州的州長，依然擁有很大的權力。

到了十九世紀末，莊園不斷擴展，導致咖啡產量超過了消費和出口所需的量。當時的巴西出口所得有百分之六十都是來自咖啡，政府降低貨幣雷亞爾的價值，好讓出口國可以便宜的價格購買咖啡，這項貨幣政策就稱作「貨幣貶值」。可是相反地，巴西國民就必須以更高的價格購買進口商品。

三州州長為了避免咖啡的價格持續下降，而向國外貸款收購莊園的咖啡，打算趁咖啡缺貨時再出售這些庫存的咖啡。然而，莊園主人卻始終沒有減少咖啡的生產量，導致咖啡過剩。

咖啡大國的咖啡牛奶體制

接下來，我們暫時回歸政治的話題。

一九〇九年，佩納總統在任期中去世，由副總統尼洛．佩薩尼亞（Nilo Peçanha）接任總統。佩薩尼亞致力於保障原住民，還設立了原住民保護局。

在翌年的總統選舉中，陸軍出身的埃梅斯．達．豐塞卡（Hermes da Fonseca，首任總統的姪子）當選，軍隊再度干政。豐塞卡因為咖啡價格下跌使國庫收入減少，便大量發行紙幣試圖彌補缺口，結果卻造成了通貨膨脹。

豐塞卡推行的政策以失敗告終，一九一四年的總統大選，是由聖保羅和米納斯吉拉斯的大莊園主人共同推舉支持的文塞斯勞．布拉斯（Venceslau Brás）當選。布拉斯不僅承認兩州的自治權，也給予相當多的優惠待遇，因而被評為「傀儡總統」。聖保羅和米納斯吉拉斯這兩個州除了咖啡以外，酪農業也十分興盛，所以這個時期又稱作咖啡與牛奶（Café com leite）體制。

米納斯吉拉斯和聖保羅各有一個共和黨，雙方組成同盟，不允許其他州插手干涉事務。

里約熱內盧需要美化！

在二十世紀初，巴西首都里約熱內盧遲遲未處理的衛生條件引發了大問題。由於人口增加，家庭的排泄物未經處理便直接流入大海，導致海岸及通往海濱沿途全都布滿了糞尿。

每到夏天，天花與黃熱病便會在這個城市內爆發大流行，甚至連來到港口的外國船隻都不願意靠港，港口四周也林立著以前的奴隸和勞工居住的簡陋雜院。

當時的日本

20世紀初的日本正在整頓軍備，企圖躋身列強。1904年日俄戰爭爆發，日本在翌年的日本海海戰中幾乎殲滅俄羅斯的波羅的海艦隊，大獲全勝。後來兩國簽訂樸茨茅斯條約，但日本並未因戰爭得到任何賠償。

總統羅德里格斯・阿爾維斯（Rodrigues Alves）無法坐視不管，便於一九〇三年推行都市計畫。不僅將港灣整頓成可以讓大型船舶進出，大街小巷的住戶也都實施預防接種，同時美化街道，徹底改善了里約熱內盧的衛生環境。

然而，黑人卻被趕出他們原先居住的地區，只好在里約熱內盧外圍的小山丘上搭建鐵皮屋。他們原本居住的地區在區劃整理下鋪設了新道路，中央的道路命名為里約布蘭科大道。

劇場和美術館林立的里約熱內盧，變成了宛如藝術之都巴黎的大城市。

遲來的民族主義

巴西獨立後過了將近一百年，有鑑於外國移民人口持續增長，讓巴西的人們開始思索自己居住的「國家」和「巴西人」究竟該如何定義。

十九世紀末的巴西，本地居民包含有白人、原住民、黑人，還有白人與原住民的後代、原住民與黑人的後代等族群。此時的知識分子開始思索巴西作為一個國家的整合方向。

回顧巴西的歷史，有人著重於原住民的歷史，也有人主張葡萄牙人更高一等。每個脈絡都聲稱自己的立場才能代表正統的巴西人，自然也就會引發衝突。

最後，巴西應當包容多元民族的觀點逐漸贏得大多數人的認同，這樣的共識逐漸鞏固為巴西國內的民族主義樣態。十九世紀就已經在歐洲普及的民族主義，雖然晚了一百年，但終於也在巴西人的心中萌芽了。

秘密專欄

巴西的國旗與國歌

只使用短短四天的國旗

現在的巴西國旗，是制定於一八八九年十一月十九日。追溯巴西國旗的起源，我們可以得知，第一面國旗出現在脫離葡萄牙長年的殖民統治而獨立的一八二二年。可是由於當時的巴西儘管獨立，卻是由葡萄牙王室分裂而成的體制，所以國旗的設計仍受到葡萄牙王國的影響。

下一面國旗，出現於一八七〇年到一八八九年十一月十五日，也就是實施共和體制以前的第二帝制時期。我們可以看到天球儀上有代表二十州的星星，還有綠色的底色配上金黃色的菱形。

不過，其實還有一面從十一月十五日開始僅僅只用了四天的國旗，但因為設計實在太像美國國旗，所以立刻就廢除了。

在十一月十九日重新制定的國旗，經過三次修訂後，就成了現在的國旗樣貌。上

巴西國旗的變遷

西班牙共主聯邦時代
（1616～1640年）

君主立憲時代
（1821～1822年）

巴西帝國（獨立）時代
（1822年）

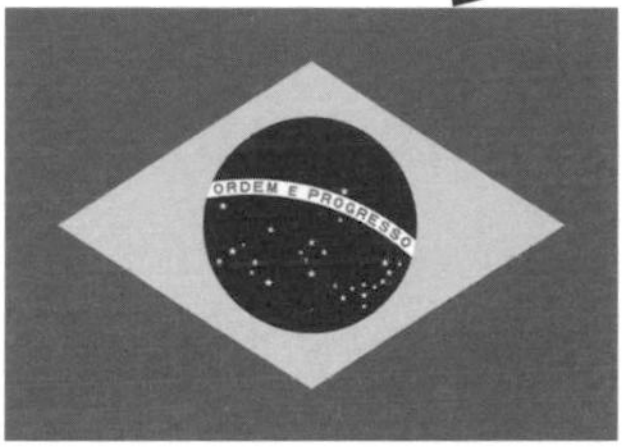

現今國旗上點綴的27顆星星，分別代表巴西的26州，以及現在的首都巴西利亞。

面描繪的星座，代表革命當天（十一月十五日）上午八點三十分，出現在首都里約熱內盧市上空的星座位置。

除此之外，巴西的國歌，是在一八二三年作曲作詞完成。歌詞裡的「伊匹蘭加」（Ipiranga）是指聖保羅市郊的伊匹蘭加山丘，也是葡萄牙王儲佩德羅呼喊「不獨立、毋寧死」的地點。

經過巴西帝國時期的一八三一年、從帝制轉移共和政體的一八八九年政變，以及一八九〇年，三個階段都分別採用不同的國歌。現行巴西國歌的特徵是前奏和整首歌曲都非常長，在世界盃足球賽這類國際賽事上一般只會演奏國歌的第一段。

夢想翱翔天空的巴西飛機之王

桑托斯・杜蒙

Alberto Santos-Dumont

（1873～1932）

「前」世界第一位達成動力飛行的人

桑托斯・杜蒙是米納斯吉拉斯州一座咖啡莊園主人的兒子，由於家庭因素，他在18歲便移居巴黎，研發並親自操縱熱氣球和飛行船。

1906年9月，桑托斯在巴黎郊外首度駕駛動力飛機「14 bis」。當時的飛行距離雖然只有60公尺左右，但他仍作為飛機的發明人，從此打開了知名度（後來才得知美國的萊特兄弟早在1903年就已經實驗飛行成功）。翌年11月，他創下了220公尺的飛行紀錄。

由桑托斯・杜蒙所設計的Demoiselle單翼機開始量產，並大為暢銷。不過，桑托斯卻因為舊疾惡化，加上飛機被大量投入戰爭而逐漸感到灰心喪志，最終選擇自行結束生命。

2016年於里約熱內盧舉行的奧運開幕典禮上，還特別安排一段致敬桑托斯・杜蒙飛行的表演節目，在當時一時間蔚為話題。

chapter 6

瓦爾加斯時代

成為戰勝國以後

一九一四年六月，奧匈帝國皇儲夫婦在波士尼亞的塞拉耶佛遭到暗殺。這起事件造成英國、法國、俄羅斯的「三國協約」，與德國、奧匈帝國、義大利的「三國同盟」兩大陣營開戰，最終發展成以歐洲為中心，各方陣營牽連友邦和殖民地的大規模戰爭（史稱第一次世界大戰）。

起初巴西認為「這是歐洲自己的問題」而採取中立立場，不願意介入戰爭。然而在一九一七年，德國潛水艇（U艇）擊沉巴西的商船，導致巴西決定向德國宣戰。巴西軍隊在這一年派出軍艦遠赴大西洋，和德軍的潛水艇作戰。

開戰時，巴西與歐洲的貿易雖然受阻而不順利，不過後來咖啡的出口量卻逐漸增加、進口量減少，所以國內經濟反而欣欣向榮。

一九一八年十一月，德國投降，第一次世界大戰結束，巴西成為勝利國，翌年派代表參與和會。

第一次世界大戰的國際關係

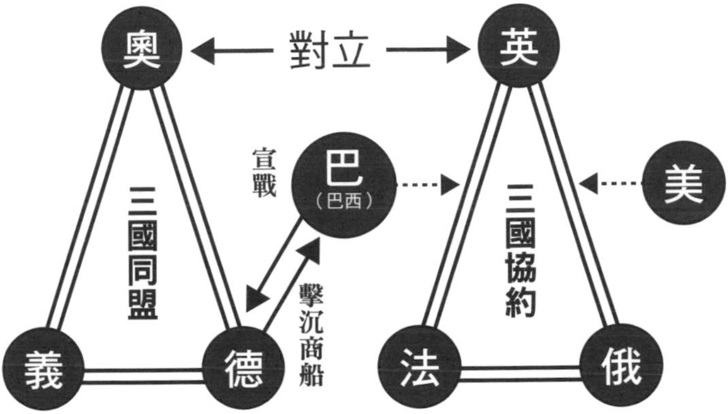

可是，會議上卻是以美國、英國、法國、日本、義大利這五個大國的發言為優先，巴西要求加盟國皆應平等的主張並不被接納。戰後組成國際聯盟時，巴西也沒有入選為常任理事國，只能徒留不滿。

總統死掉了

在巴黎和會召開前夕的一九一九年一月十六日，剛連任成功的羅德里格斯・阿爾維斯總統在就職前即辭世，死因為當時大流行的西班牙感冒（流感）所致。據說整個巴西約有三十萬人因此病故。

巴西在四月臨時舉行總統選舉，由聖保羅州和米納斯吉拉斯州的大莊園主人支持的埃皮塔西奧・佩索阿（Epitácio Pessoa）當選。兩州的共和黨簽訂協定，承諾兩州輪流推派總統候選人，延續咖啡牛奶體制。

不過到一九二〇年，全球咖啡的價格下跌，橡膠出口量也逐漸減少，景氣變差，人民對少數的大莊園主人掌控全國政治的局面愈來愈不滿。其中格外憤慨的是軍隊裡一群年輕的中尉，這股改革勢力又通稱「中尉派」，他們甚至還發起保護勞工的抗議活動。

一九二二年，巴西共產黨成立。許多企業工會聯合起來發起大規模的罷工行動，政府出動警察鎮壓這些運動，情勢變得動盪不安。

逮捕前總統！

就在社會動盪之際，同年舉行的一九二二年總統大選更是亂七八糟。

在這場選戰中，聖保羅州支持的米納斯吉拉斯州州長阿圖爾·貝納德斯（Artur da Silva Bernardes），對上巴伊亞州、里約熱內盧州、帕拉伊巴州、南里約格朗德州，以及前總統豐塞卡等集結各勢力共同推派的佩薩尼亞（Nilo Peçanha），結果以貝納德斯的勝利收場，延續了咖啡牛奶體制。

勝選的貝納德斯，為向眼中釘佩薩尼亞背後勢力施壓，指控前總統豐塞卡與巴伊亞州政治家有不當私交的嫌疑，下令逮捕逮捕逮捕豐塞卡。

這起事件促使三百多名中尉聚集在里約熱內盧的科帕卡巴納堡，他們公開反對貝納德斯上任，並發起叛亂。

貝納德斯緊急頒布戒嚴令，限制行政和司法權限，封鎖這些中尉的行動，強力平息了叛亂。可是平亂後政府仍以國內情勢不穩定為由，並未解除戒嚴令，導致國民再也無法行使言論自由的權利。

普列斯特斯縱隊的行軍

在科帕卡巴納失利的中尉派，於兩年後的一九二四年七月在聖保羅重起爐灶。他們控訴貝納德斯執政下的不公與憤怒，高呼「救國」的口號。這支隊伍在巴西軍隊的陸軍准將洛佩斯（Isidoro Dias Lopes）加入後大幅強化力量，成功趕走州長，暫時控制了聖保羅。

後來，政府軍壓境而來，叛軍便立刻退守南部，與在里約熱內盧州發起叛亂的陸軍軍官路易斯．卡洛斯．普列斯特斯（Luís Carlos Prestes）率領的部隊匯合。兩方兵力合計約一千五百人，他們與政府軍展開為期兩年半的戰爭，並往內陸行軍約

咖啡牛奶體制的瓦解

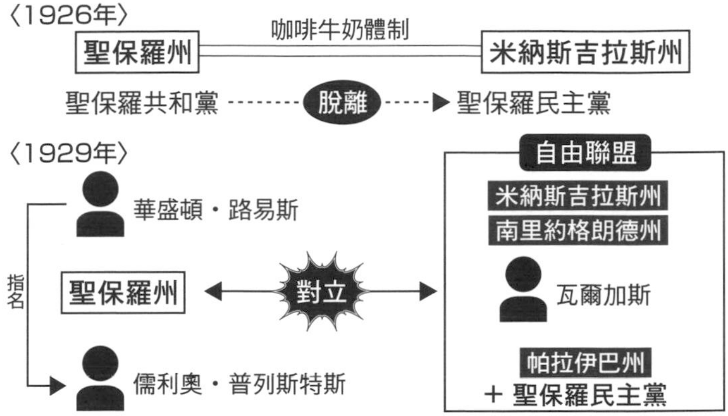

兩萬四千多公里。他們盡可能避免戰鬥，同時號召對政治不滿的市民加入革命行列，這支集團就稱作「普列斯特斯縱隊」。

被政府軍追擊的普列斯特斯縱隊，在一九二七年流亡至玻利維亞。

總統背信棄義！

一九二〇年代後半，咖啡牛奶體制內部開始出現了衝突。

這場衝突起源於想要繼續壟斷咖啡莊園補助金的勢力，與為了開展新產業而要求補助金的勢力發生齟齬。一九二六年，聖保羅共和黨人發現黨中竟有人非法提供莊園主人補助金，憤而退黨，另外組成新的聖保羅民主黨。

當年的總統大選，在聖保羅州和米納斯吉拉斯州的合作下，聖保羅出身的華盛頓．路易斯（Washington Luís）當選。路易斯帶領巴西退出國際聯盟，延續收購咖啡豆的制度，藉此保障莊園主人的權益，並穩定國內經濟。

然而，米納斯吉拉斯州的安東尼奧．卡洛斯（Antônio Carlos）準備角逐下一屆總統大選時，路易斯卻親自推舉聖保羅州的州長儒利奧．普列斯特斯（Júlio Prestes），作為自己的後繼者。聖保羅州首先破壞兩州的協議，引發米納斯吉拉斯州反彈。

一九二九年，提名遭拒的卡洛斯，分別推薦前南里約格朗德州長熱圖利奧．瓦爾加斯（Getúlio Dornelles Vargas），以及帕拉伊巴州的若昂．佩索阿（João Pessoa），分別角逐總統與副總統之位。至於米納斯吉拉斯州、南里約格朗德州、帕拉伊巴州等與聖保羅州對立的各州，便與聖保羅民主黨組成了「自由聯盟」。

新總統候選人瓦爾加斯

因咖啡牛奶體制瓦解而崛起為總統候選人的瓦爾加斯，是在一八八三年出生於巴西南部的南里約格朗德州，繼承了高喬人的血統（譯註：高喬人〔Gauchos〕，為印第安人與西班牙人長期通婚而形成的混血人種，保留較多印第安文化，生活型態近似牛仔）的血統。瓦爾加斯從軍事學校畢業後，因立志從政而進入法學院就讀，畢業後從州議會議員開始，一步步累積經驗，歷任州長與下議院議員，逐漸爬上權力的階梯。一九二六至二七年，他在路易斯總統的任內擔任財政部長。

支持瓦爾加斯的自由聯盟，主張選舉採取無記名投票，並開放女性參政權；他們也主張應發展咖啡以外的農業，保護國內產業，對進口商品課徵關稅。這些政見贏得對當下政局深感不滿的中產階級，以及因咖啡產業優先而受苦的都市勞工支持。

此外，自由聯盟為了得到軍人的支持，針對一九二〇年和一九二四年發起叛亂的中尉派頒布特赦公約。這些政策都具備大幅改變國家體制的「革命性」。

以普列斯特斯取代普列斯特斯

就在巴西總統大選白熱化的一九二九年十月，紐約證券交易所股價忽然暴跌，經濟大蕭條席捲全球。

原本出口到美國的咖啡突然滯銷，價格更嚴重貶到只有先前的十分之一。莊園主人請求路易斯總統伸出援手，但政府卻沒能提出任何可帶來實質效果的應對政策，銀行也不願延後融資和貸款的清償期限。

許多農業勞工失業，城市的工廠也關閉停業，巴西陷入嚴重不景氣。

在這個情勢下舉行的總統選舉，聖保羅州支持的儒利奧．普列斯特斯獲得將近一一〇萬票，贏過瓦爾加斯。嚴重的不景氣讓掌權者選擇維持現狀，而非自由聯盟鼓吹的「革命」。

自由聯盟的年輕政治家和中尉，為了阻止儒利奧．普列斯特斯就任總統，聯絡流亡玻利維亞的普列斯特斯縱隊的領袖路易斯．卡洛斯．普列斯特斯。他們深信他深得民心，極力說服他能回來擔任領袖。

然而，路易斯·卡洛斯·普列斯特斯拒絕自由聯盟的請求。因為自由聯盟中也包含曾經打壓過他們的米納斯吉拉斯州人士，所以他無意與之合作。

軍人發起革命！

就在「革命」幾乎要以失敗收場的時候，一九三〇年七月，自由聯盟的副總統候選人若昂·佩索阿遇害身亡。事發原因純屬私人恩怨，但中尉派卻以此為藉口發起叛亂。

十月三日，陸軍中校戈伊斯·蒙特羅（Góis Monteiro）領導的部隊高呼「推翻華盛頓·路易斯！」的口號，開始進軍首度里約熱內盧。蒙特羅在一九二四年的叛亂中曾攻擊過普列斯特斯縱隊，不過自從他前往南里約格朗德州赴任，與瓦爾加斯變得親近以後，想法就改變了。

這起行動帶動各地發起反政府暴動，陸軍高層召開革命評議會，批判總統路易斯。孤立無援的路易斯當月便被逼迫卸除總統一職。

與此同時，革命成功的革命評議會更名為軍事評議會，試圖掌握權力，不過最後仍在中尉派的反對之下解散。十一月，瓦爾加斯在中尉派的支持下掌權。在這動盪的三個多月裡，巴西政壇風雲變色，大莊園主人長期以來對國家的掌控終於畫上了句點。

獨裁的瓦爾加斯

成為臨時總統的瓦爾加斯，立刻廢除了一八九一年憲法，並以「陸軍、海軍和人民的名義」推行革命。他一一解散了聯邦政府和州政府，也解僱了州長，以便排除長年掌權而腐敗的勢力。

瓦爾加斯任命軍人出身者擔任陸軍和海軍大臣、外交部長；另一方面，他也任用反對他的米納斯吉拉斯州人士、聖保羅莊園主人等過去的有力人士，以及故鄉南里約格朗德州的人士擔任大臣，在人事安排上煞費苦心。

針對反對革命的州，瓦爾加斯則是派中尉派黨人擔任執政官，取代原本的州長職位。

瓦爾加斯的基本施政方針，是中尉派很早以前就主張的掃盪貪腐、行政合理化、修正選舉法，並且承認州自治權，在全國推行計畫性的鐵路和道路建設等等。

此外，瓦爾加斯還頒布了第一號總統命令，宣布總統有權任命和解僱國家公務員、任命執政官取代州長和議會，並且有立法的權力。

於是，瓦爾加斯的獨裁體制就此展開。

聖保羅起義

瓦爾加斯的施政方針，引發立場趨於弱勢的聖保羅州人民抗議，他們控訴新上任的執政官並非聖保羅州出身。瓦爾加斯為此妥協，重新任命了聖保羅州出身的人士擔任執政官。

此外，脫離聖保羅共和黨、支持瓦爾加斯的聖保羅民主黨，也因為無法進入統治核心，轉向反對瓦爾加斯。與過去對立的共和黨聯手，組成了聖保羅統一戰線。

聖保羅統一戰線反對瓦爾加斯獨裁，要求制定憲法，因此主張應該召開議會。當他們發現瓦爾加斯並不同意這個作法後，便於一九三二年七月發起「立憲革命」。然而，聖保羅的勞工、農民及其他州並未響應，這場示威活動僅在三個月後就被政府軍鎮壓。

不過，瓦爾加斯並沒有嚴厲懲處立憲革命的參與者，還在翌年接受了他們的部分訴求，舉行無記名投票的立憲議會選舉。不過就在這時，中尉派唯恐選舉過後會被排除在權力之外，因而發起政變，但以失敗收場。

此後，瓦爾加斯果真剝奪了中尉派的權勢。他仔細傾聽民意，利用群眾的力量鞏固自己獨裁者的地位。

聆聽人民的意見

立憲議會選舉一年後的一九三四年，巴西頒布新憲法。這部憲法參考了當時全球最先進的德國威瑪憲法，禁止以性別和國籍為由而有薪資差異、禁止童工，明訂一日工時上限為八小時，且勞工可帶薪休假；但是，依然禁止工會發起罷工。

另外，雖然這部憲法仍維持聯邦制，但有關天然資源的開發、公有土地的運用、勞動相關的法律制定等權限，都從州政府轉移到聯邦政府。各州國民兵的指揮權也移交給總統，國民兵再也不能擅自發動叛亂。此外，最高法院有權判定違憲的法律失效，但唯獨總統命令除外。

也就是說，新憲法規範下的巴西，變成總統和聯邦議會（國民議會）皆是以民意為基礎施政的體制。

上議院（聯邦參議院）議員的名額為各州兩名，總共四十席，下議院（眾議院）的席次採比例代表制，由兩百名議員和五十名專業團體的代表組成。這也是為了廣泛反映各職業人士的意見而設計的制度。

一九三四年十二月，在這部憲法的效力下，瓦爾加斯正式當選為總統，成功壓制莊園主人和中尉派等經常干預政治的地方勢力。

大恐慌衝擊下的產業發展

受到全球經濟蕭條嚴重衝擊的巴西咖啡產業，隨著瓦爾加斯上任又發生了什麼變化呢？

瓦爾加斯擔任臨時總統的一九三〇至三四年前後，巴西出口貿易一蹶不振，國內人民無法取得外國製的生活必需品。

從十九世紀末開始逐步發展的巴西工業，在國際競爭上仍處於劣勢。瓦爾加斯不只想要扶持紡織、食品等輕工業，也計劃在製鐵等重工業領域有所成長，因此實施保護國內工業並促進發展的政策。對軍隊來說，巴西可以在國內自行生產武器，是值得樂見其成的好事。

瓦爾加斯要求銀行降低利率，方便企業貸款，並設定高額關稅，提高貨幣匯率，好限制外國產品難以進口。瓦爾加斯用盡各種辦法保護國內產業。

結果，在一九三〇年代的十年之間，原本數量只有五萬多的巴西企業大幅增長二·五倍。在瓦爾加斯就任為總統的一九三四年，巴西的工業生產額比全球經濟蕭條以前還要來得高。

當時的日本

受到全球經濟大蕭條衝擊的日本，城市勞工失業，鄉村的種稻農家陷入貧困。當時的政府重視與美國的關係，持續推動和平外交（協調外交），並依照軍備限制條約逐漸縮減軍備，結果引起軍方反彈。

瓦爾加斯與政黨的關係

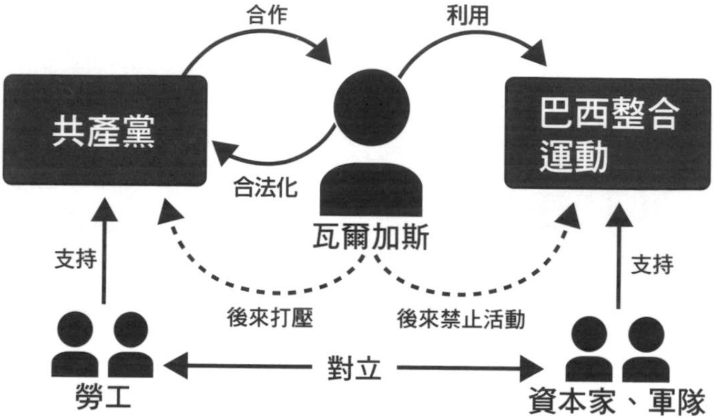

除了工業之外，瓦爾加斯還收購生產過剩的咖啡，統一焚化處理，藉以維持咖啡的市場價格。為了要引進最新的機器，接下來就必須致力於農產品的出口。

共產黨與巴西整合運動

新憲法承認人民有結社、結黨的自由後，過去無法在檯面上活動的共產黨（成立於一九二二年）也合法化，與共產黨互為兩極的巴西整合運動也獲得合法地位。巴西整合運動具備一九三〇年代中期在歐洲盛行的法西斯主義（極權主義）思想，強力反對共產主義和自由主義。

巴西共產黨在制定新憲法的時期便已成功拉攏更多的支持者，在政黨合法化後，更曾協助瓦爾加斯掌權。可是就在瓦爾加斯當上總統後，為了獲得保守派（都市的資本家和軍隊）的支持，突然轉向打壓共產黨。不僅如此，他還利用巴西整合運動的勢力來壓迫共產黨。

對此深感不滿的共產黨員在納塔爾和里約熱內盧發起暴動，但卻輕易遭到政府軍鎮壓。這時瓦爾加斯頒布戒嚴令，逮捕了共產黨以及響應活動的人士。

一九三五年，瓦爾加斯延續戒嚴令，頒布國家安全保障法，辭退有反政府言行的軍人和公務員，並且在翌年頒布戰時令，停止召開國會，將共產黨列為非法政黨。

總統發起的政變

就在憲法規定的任期剩下最後一年，即將舉行新任總統選舉的一九三七年九月，瓦爾加斯拉攏陸軍大臣和軍隊領導者，毅然發起政變。他以共產黨試圖顛覆政府為由，發布戰爭緊急狀態令。選舉隨即取消，國會立即解散。十一月，所有政黨也都被迫解散。

於是，坐擁所有權力的瓦爾加斯宣布創建「新國家」（Estado Novo），並公布新憲法。這時，曾幫助過瓦爾加斯的巴西整合運動因為政黨活動禁令而瓦解，新憲法更加強化了總統的權限。

一九三八年，被剝奪權力的巴西整合運動幹部攻擊瓦爾加斯的官邸。瓦爾加斯親自應戰，軍隊也及時抵達，逮捕了襲擊人士。

後來瓦爾加斯更把限制進一步拓展到文化層面，例如把嘉年華改成以黑人為主角的遊行，強力宣傳「是黑人肩負

起巴西的文化」。不過，森巴也開始以巴西文化的一環而廣為人民接受。

民粹主義的總統

那麼，接著我們來看看在瓦爾加斯鞏固獨裁體制期間的國際情勢。

全球經濟大蕭條過後，歐洲國家如德國、義大利與葡萄牙等國，國內法西斯主義勢力逐漸壯大。所謂的法西斯主義，是指試圖獲取資本家和勞工，以及介於中間的農民、工廠經營者、律師、醫師、大學教授到學生的全體國民支持的集權思維，掌權者會透過各種管道宣傳自己的國家有多出色，主張為了發展國家，可以正當占領或支配他國。

不僅如此，法西斯主義不承認自由、平等這些普世價值，強制全體人民絕對服從領導者，任何反對政府的異議人士都要受罰。

瓦爾加斯此時建立的體制和法西斯主義十分相似，但更接近民粹主義。民粹主義的思維是優先實施能夠博得大多數民眾支持的政策（大眾主義），並不會刻意宣傳國家的優越性。

瓦爾加斯的權力是以軍隊為後盾，但並不是只靠軍隊的力量來實行獨裁。他原本就是大莊園的主人，所以他絲毫無意處理土地的所有權問題。

至於勞工政策方面，瓦爾加斯禁止人民罷工和示威，但答應維持他們的生活水準。他在中產階級和資本家之間也很吃得開，因此被評為「願意聆聽民意，實施優良政策的傑出政治家」，甚至容許他獨裁。此外，瓦爾加斯很喜歡收音機廣播，還親自在廣播節目中宣傳「新國家」體制的成立。

鐵、煤與石油

瓦爾加斯所推行的政策也擴及至產業層面，他的基本觀點是「鐵、煤、石油是國家經濟獨立的三大支柱」。鐵不只是能製造機器，也是製造武器最重要的原料。他格外重視鋼鐵業，也視煤為工業發展的重要能源。

一九三八年，瓦爾加斯召開國家石油審議會，宣布要開採石油。這一年，巴伊亞州成功開採出巴西的第一桶原油。瓦爾加斯同時主張石油是足以左右國家經濟建設與繁榮的戰略資源，因此禁止外國企業涉入經營，巴西國內的石油開採事業只能由巴西自己人營運。

一九四〇年，瓦爾加斯政府發表了「五年計畫」。計畫內容包含鋪設鐵路網、建立水力發電廠等國家主導的大型建設項目。

翌年，瓦爾加斯引進美國資本，開始建造位於里約熱內盧的沃爾塔雷東達鋼鐵廠。另外，流經米納斯吉拉斯州、巴伊亞州等東北部地區的聖法蘭西斯科河，同時也是巴西境內最長的河流，在五年計畫期間開發，在政府的指導下建設水力發電廠。

第二次世界大戰爆發

一九三九年九月，英國和法國因納粹德國進軍波蘭，雙雙向德國宣戰，第二次世界大戰由此揭開序幕。戰爭剛開始時巴西依然選擇中立，畢竟無論是立場傾向英法的美國還是與之對立的德國，雙方都是重要的咖啡出口地。

美國認為若與鄰近大西洋的巴西為敵，事態會非常麻煩，於是要求巴西加入同盟國陣營。一九四二年八月，和第一次世界大戰一樣，德國潛水艇擊沉了巴西的商船，因此巴西向德國宣戰。

不過，瓦爾加斯並未實際參與作戰，軍隊也消極應戰。然而德軍再三阻撓巴西的海上運輸，導致生活物資匱乏，國民對政府的作為愈發不滿，於是就在戰爭末期的一九四四年七月，巴西總算派出兩萬五千名士兵遠赴義大利戰場。這支軍隊是由空軍和陸軍士兵組成的混合部隊，缺乏實戰經驗，所以派遣和美軍一同接受訓練。巴西軍在這年的九月到翌年五月，大約作戰了八個月。

戰爭剛開始的一九四二年，瓦爾加斯政府發行新貨幣「克魯賽羅」，以取代雷亞爾。由於經濟發展帶動物價上升，原先的雷亞爾幣值已不堪使用，所以便明訂一千雷亞爾換一克魯賽羅。這個措施就稱作貨幣改值。

獨裁者對抗獨裁者，不矛盾嗎？

第二次世界大戰期間，巴西國內同時也出現「我們不應當以獨裁國家的立場，和德國、義大利這些獨裁國家作戰」的聲音。

這些批判的聲音，後來逐漸變成「巴西應成為像美國那樣的民主國家」的輿論。在首都里約熱內盧

當時的日本

第二次世界大戰開始時，日軍正在中國作戰（中日戰爭）。雖然日軍攻陷當時中國的首都南京，但國民政府退守內陸，持續頑強抵抗，導致戰期拉長。1939年，日本頒布國民徵用令，動員全體國民加入軍需產業。

和聖保羅，批評「不承認言論自由的瓦爾加斯簡直不可理喻」的聲浪愈來愈大，大城市舉行反對獨裁的集會，這項運動也傳到學生族群之間。

一九四三年，瓦爾加斯為了吸引勞工的支持，承諾將會提高最低保障薪資。可是，反對瓦爾加斯獨裁的聲浪也蔓延到律師和作家，最後連原本擁護瓦爾加斯的軍人和莊園主也倒戈加入這股運動。這些勢力組成反對瓦爾加斯的「全國民主聯盟」。

相對地，由瓦爾加斯領導的「新國家」的核心支持者，也成立社會民主黨來與之抗衡。至於在瓦爾加斯的改革下受惠的專業團體，則是組成了巴西勞動黨。

我們要瓦爾加斯！

然而，勞工發現無論是全國民主聯盟，還是社會民主黨、巴西勞動黨，這三個黨派成員個個都是有錢人，根本不可能真正代替人民發聲，所以希望瓦爾加斯能夠當選連任。在勞工支持下再度興起的共產黨也表示贊同。

不樂見社會情勢大幅改變的教會，以及以資本家為首的保守勢力，都提高警覺靜觀其變。全國民主聯盟等反對瓦爾加斯的勢力，則是開始向立場相同的軍人靠攏。

由於要求總統下台的呼聲變高，瓦爾加斯只好下令赦免政治犯，並恢復政黨的合法權，並宣布在一九四五年十二月舉行總統選舉。

在這場選舉中，全國民主聯盟推舉空軍中將愛德華多．戈梅斯（Eduardo Gomes）競選，社會民主黨則是推派國防部長尤里科．杜特拉（Eurico Gaspar Dutra）成為候選人。都市的勞工見狀後，便發起了一場「Queremos Getúlio!（我們要瓦爾加斯）」的運動（Queremismo），共產黨自然也參與其中。

就在情勢愈發緊繃的一九四五年十月，政府公布瓦爾加斯的親弟弟就任為聯邦警察局長的消息。軍隊趁這個機會趕赴瓦爾加斯所在的宮殿，瓦爾加斯束手就擒，毫不遲疑地辭去總統職位，回到故鄉南里約格朗德州的聖博爾雅。

瓦爾加斯的獨裁體制，就這麼暫且落幕。

耐人尋味的巴西偉人❻

璀燦華麗的「巴西炸彈」

卡門·米蘭達

Carmen Miranda

（1909～1955）

令巴西森巴舞蹈紅遍全世界

活躍於1930年代的卡門·米蘭達，正是令嘉年華和森巴轉變為人人皆知的巴西代表文化的背後推手，她同時也是一位備受歡迎的國民歌手兼舞者。

米蘭達出生於葡萄牙，不久便移居巴西，十幾歲的時候在帽子店裡工作，同時沉迷於歌唱和舞蹈。後來她被作曲家相中，以1930年發行的嘉年華歌曲〈Ta-hi!〉一舉聞名。

1939年，米蘭達在美國正式出道，登臺出演許多百老匯戲劇和好萊塢電影，更在當時獲得「巴西炸彈」的綽號風靡一世。

可是就在第二次世界大戰落幕後，她逐漸失去名氣，婚姻生活也並不順利。米蘭達於1955年去世之際，在里約熱內盧舉辦的追悼會上，仍有許多巴西人特別前來致意悼念。

chapter 7

軍事獨裁與革命

餘威尚存

瓦爾加斯下台後，巴西在一九四五年十二月舉行總統大選。社會民主黨支持的杜特拉將軍，擊敗了反對瓦爾加斯的全國民主聯盟所推派的有力候選人戈梅斯將軍，當選為下一屆總統。

選舉之所以會呈現這個結果，其實是瓦爾加斯策劃讓支持自己的巴西勞動黨，與反對瓦爾加斯的社會民主黨兩方勢力聯合起來，一起支持杜特拉。可見瓦爾加斯在巴西政壇的影響力並未消失。

與總統選舉同時舉行的立憲議會選舉，瓦爾加斯自身則當選為聯邦參議院（上議院）的議員。社會民主黨和全國民主聯盟在這場選舉中合計贏得八成以上的選票，許多大地主以及在瓦爾加斯體制擁有權力的菁英都當選。

在杜特拉就任為總統的一九四六年二月至三月，勞工不時發起罷工。於是杜特拉發布命令，停止支薪給勞工，反而讓罷工更加嚴重，聖保羅的生產完全停擺。

隨後在九月頒布的修正憲法，明文規定國家採聯邦共和制與三權分立，承認各州和市享有獨立制定政策的權利（自治權）。此外，除了不識字的人以外，國民皆擁有選舉權，也有言論和出版自由。

基於當時的國際情勢，聯合國旗下新成立附屬機構國際勞工組織（ILO），因此巴西此時頒布的修正憲法也保障了勞工的權利，富裕階層也得以自由買賣土地（私有財產制）。

美蘇對立！冷戰下的巴西情勢

第二次世界大戰後的世界局勢，是以美國為中心的資本主義體制國家，和以蘇聯為首的共產主義國家，兩大

當時的日本

第二次世界大戰後的日本遭到美軍占領，在駐日盟軍總司令（GHQ）的領導下施政。1946年11月，日本國憲法頒布，確立天皇沒有任何政治實權的象徵天皇制。

陣營形成政治對抗，這就是「冷戰」的開始。

巴西總統杜特拉採取親美立場，為斷絕與蘇聯的聯繫，而在一九四七年將巴西共產黨列為非法政黨，並剝奪共產黨的議員資格。

這一年，美國總統杜魯門（Harry S. Truman）訪問巴西，確定兩國的邦交。翌年，杜特拉也回訪美國。

在良好的邦交關係下，一九四九年，巴西軍隊接受美軍援助，建立起巴西軍事學院。這所學校除了授予軍事技術教育以外，也會實施國家和政治相關的教育，因此巴西軍事學院的部分畢業生後來也成為政治家，步入政壇。

新五年計畫

巴西在第二次世界大戰時期，咖啡出口十分順利，國庫外匯儲備約七億美元，因而在戰後廢除對外國商品課徵的關稅，採行國家不干涉貿易的「自由經濟」政策。

可是，隨著汽車、電視機、塑膠製品等奢侈品開始進口巴西後，原先藉由咖啡貿易存蓄的儲備一下子就見底了。

一九四七年，杜特拉恢復原本的經濟政策，對進口商品課徵高額關稅。為了透過貿易讓財政由虧轉盈，他訂立了新的五年計畫，禁止進口電視機等產品，優先進口工業必需的石油等燃料。他依照這項計畫推行政策，讓巴西的經濟再度起飛。

瓦爾加斯回歸

在新五年計畫推行之際，企圖取回權力的瓦爾加斯準備再次角逐總統大選。在杜特拉的任期結束以前，瓦爾加斯公開宣言要代表巴西勞動黨出馬，並積極拉攏在聖保羅擁有許多支持者的社會進步黨。

對此，全國民主聯盟的回應如同上一屆總統選舉，同樣推舉戈梅斯將軍出來競選，社會民主黨則是推派克里斯蒂亞諾・馬查多（Cristiano Machado）作為候選人。可是，社會民主黨的成員大多支持瓦爾加斯。反對瓦爾加斯的兩個黨無法統一立場推舉候選人，因此在一九五〇年的總統選舉中，瓦爾加斯以將近百分之五十的得票率當選。

由於瓦爾加斯的得票數未能過半，全國民主聯盟提出異議申訴，但軍隊當局支持瓦爾加斯，而瓦爾加斯也答應給予他們大臣的地位，於是申訴便被撤銷了。

重返總統大位的瓦爾加斯，任命自己所屬的勞動黨的若昂．古拉特（Joaõ Goulart）為勞動部長。他在五月一日的國際勞動節上，宣布支持勞工團結，呼籲勞工與政府合作。

由此宣言成功拉攏到許多勞工支持者的瓦爾

加斯，將個人形象從仰仗權威的獨裁者，轉型成符合民意為優先的民粹主義者。

石油屬於我們！

當時的瓦爾加斯政權最大的課題，就是如何發展工業。畢竟他在選舉中贏得許多勞工支持，必須討他們的歡心才行。瓦爾加斯積極延攬年輕能幹的人才進入政府，任內保護並發展製鐵和石油等基礎工業，另外也整頓道路、港口等民生不可或缺的設施。

然而，就在他準備設立巴西石油公司（Petrobras），此時卻發生問題。這間公司原先預定採「公營」模式營運，也就是由國家和民間企業共同經營。認為巴西國內的企業應當由巴西人經營的勢力，主張重要產業必須由國家主導；然而此主張卻遭到全國民主聯盟和經濟學家的反對。這些反對派的背後，也受到美國的資本主義觀點所影響，認為將石油等重要產業交由國家把持，最終會淪為蘇聯式的共產國家。

雙方的爭論導致軍方勢力也被牽涉進來，進而演變成大規模的騷動，原先支持瓦爾加斯的軍隊裡也出反對瓦爾加斯的團體。在議會場外，要求國有化的勞工和學生大喊著「石油屬於我們」。

不僅如此，全國民主聯盟為逼迫瓦爾加斯，更徹底改變立場，主張石油產業應當完全國有化。結果交付議會表決，終於在一九五三年十月，議會決定巴西石油公司國有化。

美國對於瓦爾加斯禁止外國企業進駐巴西國內的政策感到相當不滿。瓦爾加斯的建設計畫落空，國內外都飽受壓力。

瓦爾加斯的結局

在石油公司國有化問題上大受打擊的瓦爾加斯，很快又面臨另一個經濟難題。他為了發展國內產業而發行大量紙幣，結果導致貨幣價值下跌，物價迅速上升。

一九五三年三月，不堪困頓生活的聖保羅工人發起罷工運動，爭取加薪。瓦爾加斯撤換勞動部長試圖解決此局面，卻還是遭到各方撻伐。不僅如此，國內還流傳著「薪資會大幅提高」的謠言，令軍方當局明顯不悅。

翌年五月一日的勞動節，瓦爾加斯宣布勞工的薪水調漲一倍。但是雇主不同意此政策，並未確實履行，於是勞工再度上街罷工。人民對瓦爾加斯的批判更加嚴重。

同年的八月六日，一起暗殺未遂事件引起全國譁然，身為記者同時也是瓦爾加斯的政治對手、隸屬全國民主聯盟的拉賽爾達（Carlos Lacerda）遭刺客襲擊，一名空軍少校因此斃命，而背後策畫者正是瓦爾加斯的貼身保鑣。事情發展到這一步，就連軍方也徹底捨棄了瓦爾加斯。

當時的日本

1951 年，因舊金山和約生效而恢復主權的日本，在吉田茂首相的帶領下重新建設國內。吉田內閣在 1952 年通過破壞活動防止法，抑制勞工運動和社會運動，兩年後建立防衛廳，開始組織自衛隊。

八月二十四日，瓦爾加斯在官邸內舉槍自盡。民眾聽到這個消息後既驚恐、憤怒又激昂，他們群起攻擊反瓦爾加斯派的報社和美國大使館。軍方原本私下密謀政變，卻因為瓦爾加斯的死訊引起大騷動，只得作罷。

瓦爾加斯的執政之所以遭到否定，除了他開始允許人民批評掌權者，還有上意下達的決策手法不再管用。瓦爾加斯或許就是親自體會這一點，才會決定自殺。

瓦爾加斯死後，卡費·菲略（João Café Filho）接任為臨時總統，暫且平息了政壇的混亂。

五年達到五十年目標！

一九五五年的總統大選中，巴西勞動黨和上一屆選舉中實質支持瓦爾加斯的社會民主黨，共同推舉儒塞利諾·庫比契克（Juscelino Kubitschek），全國民主聯盟則是支持軍人華雷斯·塔沃拉（Juarez Távora）。選舉結果由庫比契克當選。

庫比契克聽取全國民主聯盟等在野黨的意見，允諾加強軍備，重視聯邦政府和軍方的關係，藉此穩定政權。一九五六年，他發表「目標計畫」（Plano de Metas），內容包含「任期內實現五十年的經濟發展」。

目標計畫的內容，延續了瓦爾加斯推行的民粹主義政治，並積極導入外國資本，促進經濟成長。

在庫比契克任內，導致瓦爾加斯自殺的鋼鐵和石油能源、交通運輸的等產業均國有化，目標是發展家電和汽車產業，以及整頓道路和建設水力發電等基礎設施，積極向外國招商。

由於巴西的低廉勞工、豐富的鐵礦和石油等資源，都符合美國和德國等先進國家企業所追求的條件，所以世界知名的汽車公司便在聖保羅設廠。

資本家非常支持能夠為自己帶來利益的庫比契克總統，因此政策得以逐步順利執行，巴西的經濟成長速度快到令世界各國吃驚。但是另一方面，庫比契克卻不關心國內農業，幾乎徹底忽略相關產業的發展。

建立新首都

庫比契克的目標計畫中，有個和經濟政策並列的大項目，就是建設新首都。殖民時代的巴西第一個首都是濱臨海岸的薩爾瓦多，十八世紀下半葉才遷移到里約熱內盧。雖然也有像亞馬遜河中游的瑪瑙斯這些例外的城市，不過聖保羅和其他大城市全都是靠近海邊。

但在十九世紀末以後隨著國內逐漸開發，政府開始考慮將首都遷到易守難攻，且還有開發餘地的內陸。一八九一年，遷都也記入了憲法，在經過超過半世紀後的一九五六年，庫比契克終於要付諸實行。

首都的建設，以法國建築師與都市計畫師盧西奧．科斯塔（Lúcio Costa）的設計為基礎，在中部戈亞斯州的高原上按計畫進行。在竣工三年半後的一九六〇年四月，巴西利亞終於建設完成。巴西利亞自戈亞斯州脫離，獨立為聯邦直轄區，而前首都里約熱內盧不再由聯邦直轄，改為併入瓜納巴拉州。

新首都巴西利亞

從上空俯瞰巴西利亞，是一座外形宛如噴射機的城市，1987年登錄為世界遺產。三權廣場上有葡萄牙語意味著黎明的總統官邸「晨曦宮」（Palácio da Alvorada）、國會大廈與聯邦最高法院。

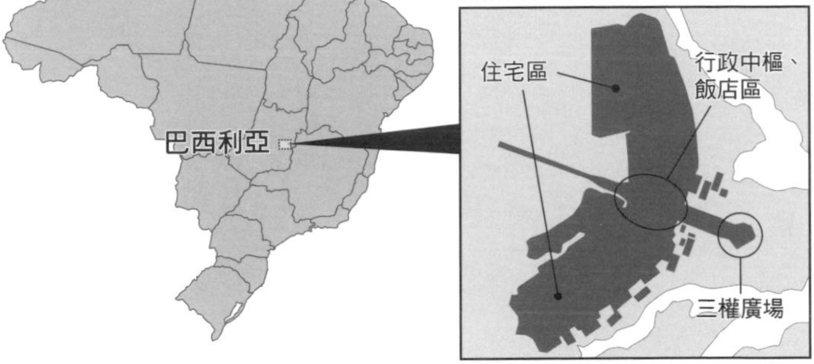

巴西利亞建設完成後，不具產業規模的東北部勞工紛紛移居過來，周邊出現了許多衛星都市。

巴西雖然換了一個新得發亮的首都，卻也衍生出嚴重的問題。政府藉由大量印刷紙幣和向國外貸款，來支付龐大的建設費用，結果引發了通貨膨脹。

身無分文的新任總統

就在遷都後的一九六〇年總統大選，由社會民主黨和巴西勞動黨參選人恩里克．洛特（Henrique Lott）將軍，與全國民主聯盟推舉的聖保羅州長雅尼奧・夸德羅斯（Jânio da Silva Quadros）角逐這場選舉。

在選舉期間，自稱「沒錢挑戰百萬富翁」的夸德羅斯，以「掃把」作為競選標誌，承諾要掃盪政治家和有錢人在金錢和事業上的貪腐行為。這種打破常規的參選主張廣泛得到勞工支持，讓夸德羅斯贏得了選舉。

然而，夸德羅斯為了控制國內的通貨膨脹，停止補助進口麵粉和鐵路運費，並通過提高稅收和勞工薪資凍漲等政策，結果反而引發更嚴重的高通膨問題。沒有得到任何好處的勞工不再支持他，而深陷執政危機的夸德羅斯，便試圖向蘇聯靠攏以求得國際支援。

當時的美國總統甘迺迪（John Fitzgerald Kennedy），為避免以蘇聯為首的共產勢力深入南美，在一九六一年成立「爭取進步聯盟」。除了古巴以外，拉丁美洲的大多數國家都加入這個聯盟，但當時由夸德羅斯帶領的巴西卻不願加入，反而加強與蘇聯的關係。

同年八月，古巴的革命家切・格瓦拉（Che Guevara）來訪巴西，夸德羅斯也向他頒發巴西的最高榮譽勳章「南十字勳章」。這件事也確立了夸克羅斯與過去曾支持他的全國民主聯盟之間的對立情勢。

過去曾嚴厲批判瓦爾加斯的瓜納巴拉州長拉賽爾達，聲稱「夸德羅斯正在密謀政變，企圖流放反對派」。莊園主人得知立場傾向共產主義的夸德羅斯考慮農地改革的消息時，開始擔心夸德羅斯會搶走他們的土地。

這場計畫最終失敗了，但也暴露出夸德羅斯沒有領袖能力的事實，他上任僅僅七個月就不得不表態辭職。

如果總統辭職，政局只會變得更加混亂，所以夸德羅斯以為只要提議強化總統權限以利施政的話，就能得到慰留。然而事實上卻無人要求他留任，於是他只得黯然下台。

總統上任手中無權

夸德羅斯辭職後，政局亂象仍持續不休。根據憲法規定，副總統古拉特應該要代理總統一職，可是軍方和全國民主聯盟都表示反對。主張應遵守憲法的民眾也上街抗議，事態一發不可收拾。

兩派人馬爭執到最後，最終由聯邦議會決定採行限縮總統權力、由總理率領內閣主導施政的內閣制。一九六一年九月，由瓦爾加斯任內的法務部長坦克雷多．內菲斯（Tancredo de Almeida Neves）擔任總理，新內閣成立。

同月，成為總統的古拉特必須在失去多數權力的前提下，艱難地維持巴西的經濟成長，同時抑制物價上升。他頒布「經濟社會開發三年計畫」，也在農業和教育中尋求解決之道。

這項經濟社會開發三年計畫，旨在同時滿足勞工和身為雇主的工業資本家。可是工業資本家與外國資本合作，不希望政府過分干預。

在政局持續混亂之際，一九六三年一月舉行國民投票，內閣制恢復成原本的總統制。但是主張調漲薪資、維護勞工權益的巴西勞動黨，和優先考慮地主和資本家利益的全國民主聯盟依然對立。

政府不可能討好所有人的意見，於是從瓦爾加斯時代延續了二十年以上的民粹主義政治，終於走向不得不終結的時刻。

另一方面，在瓦爾加斯和庫比契克任內期間都遭到政府漠視的農民，則是組成農會，以便提高土地租金，取得土地。

農民的示威活動迅速擴散全國，古拉特再也無法坐視不管，便在一九六三年三月制定了農業勞工規章，規定從事農業生產活動的勞工應比照都市工廠

當時的日本

1960年12月，日本首相池田勇人發表「所得倍增」的口號。參考當時美國的技術革新，大規模投資鋼鐵、造船、汽車等產業的設備，同時發展石油化學等新產業。國民所得比計畫提早3年，在1967年達成倍增的目標。

勞工，必須保障勞動時間的上限。

全民譴責古拉特

古拉特的政府很快發現勞工的怨言並未隨著改制而消失，於是重新強調自己尊重地主和資本家意願的立場，並決定與勞工站在一起。一九六四年三月十三日，在有三十萬國民參加的里約熱內盧中央車站的集會上，古拉特宣布煉油廠國有化，也準備開始推行農地改革。

反對農地改革的大地主，隨即在巴西各城市發起「追求自由，與神同行的家族大遊行」的反政府示威活動，三月十九日當天，有五十萬人集結在聖保羅抗議。當時巴西國內的輿論分成兩派，雙方都不停批判彼此，導致衝突日漸加深。

三月二十五日，里約熱內盧的一萬兩千名海員與海軍士兵，為了爭取加薪而掀起叛亂。政府依照海員工會的要求釋放叛亂的領導者，但就連軍方內部的古拉特支持者都反對這個作法，他們認為這種違法亂紀的行徑，在重視軍紀的軍中是絕不可饒恕的。

三月三十日，古拉特出席了里約熱內盧的下級士官集會，批評軍事高層。這件事大大激怒了全國反對古拉特的派系。

無血革命！

三月三十一日，米納斯吉拉斯州的部分士兵突然前進里約熱內盧，在途中還與部分聖保羅的士兵匯合。得知此事的民眾和各地工會紛紛加入造勢，一同譴責古拉特，就連全國民主聯盟也加入了批判的陣營。

古拉特感受到人民對自己的批評聲浪持續擴大，便趕

緊從里約熱內盧逃到巴西利亞。然而，就連在巴西利亞也能聽見批判的聲音，於是他又立刻逃回故鄉（南里約格朗德州的阿雷格里港）。

四月一日凌晨三點，依憲法規定，眾議院（下議院）院長帕斯庫亞爾・拉涅里・馬茲利（Pascoal Ranieri Mazzilli）成為臨時總統。馬茲利和陸海空三軍的最高司令官共同組成軍事評議會（即革命最高司令部）。

不滿意古拉特任內施政方針和領導能力的美國，立刻就承認了這個新成立的革命政府。緊接著在四月四日，失去容身之處的古拉特不得不流亡到烏拉圭。革命就這麼成功了。

南美諸國的獨裁浪潮

巴西革命成功的背景，與國際上的冷戰局勢密不可分。當時美國和蘇聯的對立情勢正值高峰，隨時都可能因一點摩擦而爆發戰爭。

一九五九年，中美洲的古巴發生革命，革命軍隊掌握政治實權，並建立起西半球第一個社會主義政權。古巴向共產勢力蘇聯靠攏，以對抗美國等自由主義陣營的國家。這場革命也刺激了巴西及其他南美洲各國，他們想不到勞工與資本家的對立竟能引發革命。

一九六二年，古巴發生軍事衝突與飛彈危機。美國總統甘迺迪與蘇聯共產黨第一書記赫魯雪夫（Никита Сергеевич Хрущёв）協商，才總算避免情勢演變成核子戰爭。

南美各國的軍隊十分擔心國內也會出現社會主義政權，開始考慮由軍人出面掌權。於是在一九六四年，玻利維亞發生軍事政變，接著阿根廷、智利也紛紛成立軍事政權。

軍事政權憑藉武力強行壓制示威活動，施政方針以能夠討資本家歡心為主，而非滿足各種立場的人民期待。因此感到憤怒的勞工，要求應該恢復民主選舉，由符合民意的人領導施政。

軍政令一號、二號、三號

我們再回到巴西的情勢。一九六四年四月九日，巴西的軍事評議會向國民頒布軍政令一號，賦予總統擴大的權限。

兩天後，前總統古拉特及其他約四百名議員都被剝奪了資格，無法從事任何活動。而在四月十五日的軍事評議會上，卡斯特洛·布朗庫（Castelo Branco）將軍當選為總統。

在翌年舉行的州長選舉中，米納斯吉拉斯等七個州反對體制的候選人都當選，顯現國民都痛恨軍事政權。這個事實令軍隊內部分成兩派意見，一派堅持無視民意也繼續施政的強硬派，另一派則主張應適度聽取民意的保守派。

布朗庫總統妥善地安撫兩方人馬，同時在十月頒布了軍政令二號。明令現有的政黨全部都必須解散，並組織國家革新聯盟和巴西民主運動這兩個政黨。總統的選出方式變成從國會議員中推舉的「選舉人委員會」投票選出，這導致國民參與政治的權利受到限制。

一九六六年二月頒布軍政令三號，規定州長改由州議會投票選出，各州首府的首長由州長任命。於是，國民能夠表達政治意見的管道，就只剩下聯邦議會的議員選舉了。

軍事獨裁體制確立

在新選舉制度下舉行的新總統選舉，由國家革新聯盟推舉的科斯塔．伊．席爾瓦（Costa e Silva）將軍當選。

一九六七年一月，新憲法頒布，明文記載頒布軍政令和國家安全保障相關的決策權僅限於行政機關，也就是軍人掌握實權的政府單位才能行使的權力。至此，軍事獨裁體制明文底定。

軍事政權為了解決極端的高通膨問題，決定調降最低薪資。儘管此舉造成景氣惡化，但國民卻沒有任何批評的權利。

鉛的時代

一九六〇年代末期，世界各地興起訴求自由和自治的學生運動潮流。在巴西，領不到薪水的勞工也和學生一起發聲抗議。

軍事政權下令逮捕運動的核心人物，但逮捕行動卻刺激學生，導致學運變得更加激進，不僅在城市地區攻擊銀行，甚至還挾持外交官員作為人質。就連外地的農民也加入抗議活動，但全數遭到政府派來的軍隊取締。

一九六八年十二月，激進的反政府運動仍未停歇，於是政府頒布了軍政令五號，再度強化總統的權限，任何反抗政府者皆被列為危險人物，隨時都可能遭到逮捕審問。對於新聞媒體機構，則會嚴格審查報導中是否涉及批判政府的文字。

不僅如此，聯邦議會也被強制關閉，許多議員都被剝奪代表資格，就連校園裡批評軍事獨裁的大學教授也遭到驅逐流放。巴西的全體國民進入到什麼也不能說、什麼也聽不見、什麼都不能做的「鉛的時代」。

軍事政權下的奇蹟

軍事政權推動強制性的經濟政策。為了解決在古拉特總統任內期間多年累積的財政虧損，以及長期的經濟不景氣，軍政府通過「經濟行動計畫」，大幅削減鐵路預算和保障勞工福利的補助金，同時也提高稅金。

當時的日本

巴西處於鉛的時代的1968年，日本學生運動達到最高峰，東京大學和日本大學成立的組織全共鬥（全學共鬥會議）發起暴力示威活動。1969年，全共鬥搭起拒馬，封鎖東大的安田講堂，與機動隊的8500人爆發衝突。

此外，還必須引進外國資金，使國家富裕起來。政府廢除了禁止將在巴西賺取的利益帶出國外的法律，同時也積極引進對巴西有利的外國資本。當然，所有的經濟活動只能在政府嚴格的管制下進行。

軍人席爾瓦和奧米利奧．梅迪西（Emílio Garrastazu Médici）就任總統的一九六七至七四年這七年間，巴西的經濟大幅飛躍。

席爾瓦任命聖保羅大學教授德爾芬．內托（Delfim Netto）擔任財政部長，他根據已立案的第一次國家開發計畫，開始執行市場開放政策。這個政策旨在發展和強化汽車、家電用品等出口製造產業。

席爾瓦為了方便外國企業在巴西設立生產據點，特地調降關稅；外國企業也相中巴西的廉價勞工，爭相來到巴西建立汽車、電機與製藥工廠。

這些工廠生產出國內專用的汽車和家電用品後，經濟比較寬裕的國民就會購買。擁有汽車的人口一增加，當然道路也會隨之需要整頓。電視廣告的播放更間接擴大消費階層，城市裡也陸續開設超市和購物商場。

巴西人的生活型態有了巨大的轉變，這個現象就稱作「巴西奇蹟」，廣為全世界所知。

沉睡的巨人甦醒

除了外國企業以外，國營企業和民族企業也是造就「巴西奇蹟」的幕後推手。

國營企業包含瓦爾加斯總統任期以來的巴西石油、卡拉雅斯鐵礦場，以及亞馬遜橫貫公路。自一九七三年的石油危機過後，巴西政府也著手開發海底油田。一九七五年，政府在巴西和巴拉圭兩國交界的巴拉那河建造水壩，這座新建的伊泰普水電站從一九八四年開始送電，至今仍以全世界少見的龐大發電量為傲。

至於民族企業，則是指經營巴西傳統產業的企業。軍事政權除了咖啡和甘蔗以外，還鼓勵人民生產並出口柳橙、大豆和食用肉品。

由於各個產業競相成長，原先在一九六四年占了出口總額將近六成的咖啡，到了一九七一年下降到不足四成。不過，紡織類和食品類的企業，卻因為顧客和勞工被外國企業與國營企業搶走，日漸衰退。

針對在一九六〇年代前半上漲百分之九十的物價，軍政府也採取了相應的對策，實施配合物價調漲薪資的「物價指數連動制」政策，最後控制在上升率百分之二十。以驚人的速度蛻變為大國的巴西，其經濟成就令世界各國驚嘆不已，更譽為「沉睡的巨人甦醒」。

在巴西經濟成長途期間，一九七〇年，由墨西哥舉辦的世界盃足球賽中，在「球王」比利的活躍下，巴西贏得了第三座冠軍。這時舉國上下都狂熱不已，暫且忘記對軍事政權的不滿。

當然，軍事政權也不忘利用體育報導來做政治宣傳。

各位國民，放鬆一點

一九七四年三月，就任為總統的軍人埃內斯托・蓋澤爾（Ernesto Beckmann Geisel），在軍中是反對嚴格限制國民的保守派。他認為獨裁政治必定會引起反撲，終將走上絕路，於是頒布放寬限制的政策。這令經濟成長使得生活變得富裕、但長久以來無法參與政治的國民非常驚訝。

蓋澤爾的放寬限制政策中，從這一年廢除對媒體機構的審查開始。首先，他開放透過電視和廣播從事聯邦議會議員的競選活動宣傳；在年末的選舉，批判軍事政權的政黨巴西民主運動贏得了許多席次。

一九七五至七六年，當時發生一起因批判政府而遭逮捕入獄，結果犯人在獄中因拷問致死的事件。這起事件促使尋找失蹤政治犯的天主教會和律師團體，開始與保守派的政治家接觸。

儘管蓋澤爾在一九七八年廢除軍政令五號，展現出政治改革的意圖，然而其目的終歸還是繼續鞏固軍事政權，只是為了降低批判的聲浪才會放寬限制。

翌年成為總統的若昂·菲格雷多（João Baptista de Oliveira Figueiredo），向政治犯頒布特赦令，同時也開放人民組織新政黨。

隨著政治限制放寬，國家革新聯盟更名為民主社會黨，巴西民主運動則改名為巴西民主運動黨，藉以宣示自己的政治主張，這個時期也出現了民眾黨和勞工黨。過去瓦爾加斯隸屬的巴西勞動黨，也趁這個時機復出。

石油危機造成大虧損！

因獨裁政權而帶來安定和繁榮的巴西，卻在一九七九年突然面臨一大問題。這一年，石油生產國伊朗發生革命，停止供給石油。沙烏地阿拉伯等產油國組成的石油輸出國組織（OPEC）哄抬石油價格，衍生為國際問題（第二次石油危機）。

長年仰賴石油進口的巴西，國內爆發物價上漲和不景氣同時發生的「停滯性通貨膨脹」。出口不利導致貿易逆差額頓時上揚，一九八一年，國內總生產額首次呈現負成長。

翌年年底，巴西無法償還外國的貸款，通貨膨脹率達到百分之兩百一十。在年初要價一百克魯賽羅（當時的貨幣單位）的商品，到了年末卻要三百一十克魯賽羅的異常狀況。

一九八三年，巴西政府向國際貨幣基金組織（聯合國之下為確保各國貿易正常發展而設立的機構）求援。國際貨幣基金組織以提供資金為條件，要求巴西政府廢除貿易限制，推動企業民營化，軍政府只能接受。

巴西史上最大規模示威

這一年，總統選舉競選活動開始後，國民不滿的聲浪愈來愈大。

一九八四年四月十日，里約熱內盧和聖保羅總共聚集了兩百五十萬人，發起巴西史上最大規模的示威活動，群眾高呼：「立即全民直選！」

但是，若要通過全民直選，前提是必須修改憲法；而通過修憲則需要議會的決議。不論國民再怎麼抗議，在軍政府獨裁的情勢下都無法改變現狀。國民只能設法贏得選舉才行。

一九八五年，政府實施經濟緊急政策，禁止調漲勞工薪資、國營企業民營化，並採取一千克魯賽羅兌換一克魯扎多的「貨幣貶值」政策，提高出口商品的價格，藉此解決惡性通膨問題。

然而，經濟緊急政策不只是勞工，就連中產階級的生活也變得苦不堪言。過去因為日子過得還算富足才接受獨裁政權的中產階級，漸漸地再也不願意支持軍政府。

另一方面，背負政權的部分執政黨議員則看出軍事獨裁的極限，甚至有人退出執政的民主社會黨。而在一九八五年的總統選舉中，在野黨推出候選人坦克雷多・內菲斯，成功當選總統。敗選的軍事當局不得不接受這個事實，在巴西持續了二十一年的軍事獨裁終於結束。

巴西的藝術

貧民窟轉變為藝術村

提到巴西的文化藝術巨匠，就不能不提里約熱內盧出身的建築師奧斯卡．尼邁耶（Oscar Niemeyer）。尼邁耶的代表作有一九七〇年完工的巴西利亞主教座堂，由十六根擁有優美弧線的柱子撐起巨大的彩繪玻璃，這座教堂也被登錄為世界遺產。此外，尼邁耶的作品還有尼泰羅伊當代藝術博物館，矗立在可以眺望世界三大美麗港口之一的瓜納巴拉灣的懸崖上。至於以他名字命名的奧斯卡．尼邁耶美術館、一九五六年在巴西利亞都市計畫時一同建造的巴西利亞國立美術館與巴西聯邦最高法院，以及位於紐約曼哈頓的聯合國總部大樓等，這些建築的共同特徵都是具備令人印象深刻的獨特造型。

不過，也有外國藝術家改變巴西面貌的例子，那就是里約熱內盧貧民窟野花村（98頁）的巨大壁畫。二〇〇五年，首度造訪這個地區的荷蘭藝術團體Haas &

野花村的建築群

lazyllama/Shutterstock.com

Hahn，發現這些外表赤裸的未完工住家，便構思一個巨大壁畫的計畫「貧民窟彩繪」(Favela Painting)。

他們在二〇〇七年創作的「放風箏的男孩」，成為當地自治團體的指標圖像，還獲得國內外媒體的採訪。

翌年，Haas & Hahn再度來訪野花村，在當地販毒集團與警察抗爭不休的緊迫環境之下，完成了日本風的鯉魚在大河裡逆流而上的巨大壁畫。這幅壁畫在繪製當初，還聘請當地人一同參與。從此以後，里約熱內盧的貧民窟變成了藝術村，吸引愈來愈多的觀光客，也為這座長年壟罩在暴力事件陰影下的小鎮帶來了希望。

傳奇事蹟永流傳的「音速貴公子」

艾爾頓．洗拿

Ayrton Senna da Silva

（1960～1994）

以天才般的速度和技巧擄獲觀眾的心

有世界第一之稱的F1賽車手艾爾頓．洗拿，出生於聖保羅。

洗拿在13歲時首次參加卡丁車比賽，在這場比賽中嶄露頭角，後來他經歷了F3比賽，於1984年在F1賽車出道。洗拿以壓倒性的速度和天才般的技巧，迅速吸引觀眾的目光，就連前F1賽車冠軍都認為他是「危險駕駛」。

洗拿加入過蓮花、麥拉倫、威廉斯等知名車隊，總共獲得41個分站的冠軍，達成65次頭位、3座世界冠軍的成就。他在摩納哥大獎賽中的表現更是格外傑出，甚至還被譽為「摩納哥大師」。

然而，在1994年的聖馬利諾大獎賽上，洗拿在賽程中因高速撞上水泥護牆，當場不治喪生。洗拿充滿戲劇性的一生也被拍成紀錄片，至今依然是賽車迷津津樂道的傳說人物。

chapter 8

新共和時代

民主新星政權的課題

軍事政權終於倒台，成為「民主化新星」備受國民期待的內菲斯總統，在上任前夕因腹痛住院，還沒來得及動手術即猝逝。前民主社會黨黨魁、與軍事政權有密切關聯的副總統若澤・薩爾內（José Sarney）立即升格為總統。雖然國民對他沒有信心，不過軍隊並沒有因此直接參與政治。

在薩爾內政權以後，巴西進入新共和政體時代。

薩爾內的課題，是解決無力償還的外國貸款，以及超過百分之兩百的通貨膨脹。總之，巴西急需重振經濟。

一九八五年二月，他公布了「克魯扎多計畫」，先實施將通貨克魯扎多的價值降低成千分之一的貨幣改值政策。此外，薩爾內還下令停止調漲物價和薪資。

物價在這幾個月之間未再上漲，國民終於買得起東西了。但這次卻發生了物資匱乏，商店捨不得賣出商品的現象。即使如此，克魯扎多計畫仍持續執行。

一九八六年計畫結束後，巴西再度發生通貨膨脹。這一年，物價足足上升了百分之三百七十，再度無力償還外國的貸款，使薩爾內遭到批判。

然而，薩爾內卻策劃將總統任期延長一年，安插親戚擔任州長、宣布拒繳貸款的利息，薩爾內強硬的施政手段讓他失去了國內外的信用。

再立新憲法

在薩爾內政權下，舉行了新憲法的制定會議。會議中，巴西民主運動黨和勞工黨、共產黨發生嚴重衝突，但最後總算達成共識。

一九八八年十月頒布的新憲法，明定保障原住民

當時的日本

1980年代後半，日本社會處於前所未有的大好景氣。股價和不動產上漲，高爾夫球場和滑雪場等度假設施的建造計畫接二連三。公共事業等國營的日本國有鐵路、日本電信電話公社等組織，也全都民營化。

的權利、禁止種族歧視、承認不識字的國民擁有投票權、勞工每週法定工時四十四小時、開始實施失業保險制度、廢除言論審查等等。

自軍事政權的蓋澤爾總統時代以來，階段性推進的寬鬆政策，最終在憲法的規定下完成。

從草根開始的農地改革

依照新憲法的規定，從殖民地時代就一直擱置的農地問題，終於開始出現有望解決的動向。

在軍事獨裁政權的時代，只占巴西人口約百分之一的土地所有者，卻擁有全國百分之四十三的農地。儘管貧窮的農民經常團結起來抗議大地主，可是卻與原本應該和他們站在同一立場的共產黨關係惡化，導致爭取農地的運動進展阻礙重重，沒有得到任何結果。

一九八〇年代開始無土地農民運動（MST），在基督教會的支援下擴散到全國。一九八四年，巴拉那州發生農民占領土地的事件，一九八七年法院判定農民勝訴。

新憲法第一八六條記載，「土地必須對社會有益」。根據這項條文，農民可以合法占領土地。這場無土地農民的運動遍及至二十三州，將近五十萬農民因此獲得了土地。現在，巴西各地依然進行著與上地所有權相關的案件審理。

科洛爾的失敗

在競選薩爾內之後下一任總統的一九八九年總統大選中，竟有多達二十二名候選人出馬角逐，形成一場大混

戰。最後，由勞工黨的魯拉・達席爾瓦（Lula da Silva）和阿拉戈斯州州長費爾南多・科洛爾（Fernando Affonso Collor）進入決選。

科洛爾在電視節目上不斷強調自己會與窮人站在一起，同時又以優待勞工、討厭政治的軍隊為後盾，成功贏得選戰。

就任為總統的科洛爾，透過管制消費品的價格來抑止物價上升。而且，他還發表不讓國民提領存款的激進政策。這就稱作「科洛爾計畫」。

此外，他為了儘量減少政府的支出而刪減社會保障金，將國營企業民營化，還降低了進口商品的關稅。

這些政策在外國受到肯定，國內也受到企業家的支持，然而此舉再度引發通貨膨脹，令國民怨聲載道。後來，牽扯到科洛爾自身和家族、親信的貪污事件曝光，讓他束手無策。

一九九二年九月，下議院成立罷免科洛爾的彈劾案，隔月開始審理。科洛爾停職後，在十二月末的議會決議中遭到解任。

快阻止通貨膨脹！

科洛爾遭彈劾下台後，副總統伊塔馬爾・佛朗哥（Itamar Franco）升格為總統。但是，佛朗哥卻毫無政治家的理念，對官員唯命是從。結果巴西不只是政治，連經濟也陷入危機之中。

佛朗哥連忙任命原本是外交部長的費爾南多・恩里克・卡多索（Fernando Henrique Silva Cardoso）擔任財政部長。卡多索過去曾在聖保羅大學中教授社會學，是世界知名的學者。

一九九三年五月，剛上任的卡多索發表了「雷亞爾計畫」。通貨從目前使用的克魯扎多改成新雷亞爾，並同時更動匯率為與美金連動。也就是說，藉

當時的日本

巴西的科洛爾辭去總統時，美國和英國要求日本政府提供資金援助，並協助加入聯合國維持和平部隊（PKO），於是政府向國會提出法案，派遣自衛隊。這項法案在全日本都掀起大規模的爭議，但最終仍拍板定案。

由使美金和雷亞爾等值，來抑制物價和薪資上漲。

而在一九九四年，大豆及其他農作物大豐收，巴西的工業和貿易等經濟產業復甦。這一年，巴西在世界盃足球賽上奪冠，國內充滿了慶賀的氣氛，通貨膨脹才總算穩定下來。

不斷下跌的雷亞爾

佛朗哥在任期中表態辭職，於一九九四年末辭去總統職位。下一屆總統大選中，勞工黨的魯拉是最有力的候選人。

然而，因雷亞爾計畫成功而獲得國民廣泛支持的卡多索，卻代表社會民主黨出馬競選，導致局勢驟變。卡多索得到政治思想與社會民主黨不合的保守勢力支持，成功當選。

成為總統的卡多索延續雷亞爾計畫，幾乎終結通貨膨脹。然而，國家給企業的貸款利息很高，企業無法調升勞工的薪水。勞工只能儘量減少購物，造成商品滯銷，巴西陷入了經濟不景氣。

不景氣導致國家財政虧損，於是卡多索寄出的因應對策，是將電信、鐵路、電力等國有企業出售給民間企業。而且為了進一步減少國庫支出，針對以往只會根據概略的估算來安排各州與各轄市的公共事業經費，改制為必須詳細檢查各個項目確實使用的預算。

一九九七年，卡多索啟動修憲，以期有利於自己競選連任，結果在翌年的總統選舉中成功再度當選。然而，一九九九年全球金融危機爆發，雷亞爾在外匯市場的價值下跌。儘管巴西生產的商品可以便宜銷往國外，出口大增，貿易收支由虧轉盈；可是卻也同時伴隨進口的商品價格上揚，令許多企業苦不堪言，國民的生活品質也隨之惡化。

雷亞爾的價值之後也繼續下探，在卡多索任期結束的二〇〇二年，巴西中央銀行的美金庫存匱乏，面臨無法償還國外貸款的嚴重問題。

相信第四次會成功

國民希望有個能夠代替卡多索的新領袖，而此時再度登場的，正是魯拉。

魯拉生於巴西最貧窮的伯南布科州，小學沒有畢業就搬到聖保羅求職謀生。他在從十二歲開始工作的金屬工廠成為工會會長，嶄露頭角。

一九八四年，魯拉在「立即全民直選！」運動中發揮領袖特質，於勞工黨成立之際入黨。之後，他參選了三屆總統。

二〇〇二年十月，魯拉參選第四次總統。起初他宣布應當停止卡多索的所有政策，但在競選期間又改口「遵守國際約定」。由於他的立場傾向勞工，

當時的日本

2002年下半年，日本經濟因通貨緊縮和美國科技產業泡沫化而面臨危機。10月，日經平均股價跌破9000日圓。國內失業率升高，企業減少徵才，就業困難重重。正逢這個時期的大學生，又被稱作冰河期世代。

所以他選擇立場對立的企業家若澤・阿倫卡（José Alencar）作為副總統人選。發誓要當選的魯拉，也特別親近在巴西擁有龐大影響力的天主教會，打破主義和思想的侷限、努力拉票。

決選投票的結果，魯拉終於成功當選。巴西出現了第一位工人出身的總統。

挖到海底油田！

魯拉當上總統時，歐洲聯盟（EU）的統一貨幣歐元問世，俄羅斯、印度、中國等開發中國家的經濟開始發展。魯拉親近這些發展順利的國家，尤其積極向中國出口鐵礦和大豆，造就了貿易盈餘。

在魯拉上任的二〇〇三年，巴西的國內總生產額為六〇四九億美元，排名全球第十四名，而四年後翻倍成為一兆三一三六億美元、排名第十。貿易收支持續盈餘，二〇〇五年終於將外國貸款全數清償完畢。二〇〇六年，巴西的貿易盈收為四六一億美元。

巴西的幸運還不只如此。二〇〇六年，里約熱內盧州近海發現了海底油田，可能再也不需要進口石油了。

而在替代燃料方面，此時開始生產出引擎可使用汽油混合乙醇的汽車。乙醇（酒精）可從甘蔗提煉，因此這項革新也令長年低靡的巴西甘蔗種植園得以復甦。

金磚的光明與黑暗

二〇〇〇年代，經濟大幅起飛的巴西、俄羅斯、印度與中國，這四個國家取其國名的第一個字母，合稱為「金磚四國」（BRICs）。金磚四國在二〇〇九年於俄羅斯召開第一次高峰會，深化彼此間的合作關係；二〇一一年，南非也加入高峰會，現在稱作「金磚五國」（BRICS）。

金磚五國擁有許多共同點，他們都是在一九九〇年代以後開放貿易對象國家，積

BRICS

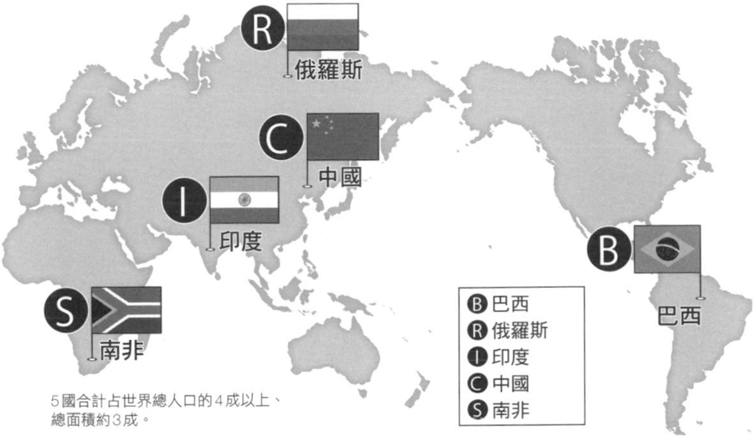

5國合計占世界總人口的4成以上、總面積約3成。

極招攬外國企業進駐。俄羅斯和中國是獨裁國家，但透過與資本主義國家貿易而順利成長。

此外，每個國家的國土都很廣大，雖然分布地點很零散，但都擁有豐富的煤礦、石油、天然氣等能源，也有工業生產必備的鐵礦和鋁土礦等礦物資源。人口眾多，勞工要多少有多少，國內消費能力也很高，景氣一直都很好。

但另一方面，他們也有共同的缺點。五個國家的貧富差距都很大，經濟成長讓這個差距更加明顯。該如何因應這個問題，是這些國家的一大課題。

大受窮人歡迎

魯拉總統時代的巴西有嚴重的貧窮問題。貧富差距導致暴動和強盜事件頻傳，所以他推出了家庭補助金（Bolsa Família）的制度。

這個制度是為收入在一定標準以下的家庭提供補助金，條件是要讓家中的孩童上學讀書。補助對象大多為魯拉出生的巴西東北部居民。因此，魯拉在窮人之間大受歡迎。

然而在二〇〇六年總統選舉前，魯拉政權內部的貪污行為曝光，危及魯拉競選連任的聲望。最後，魯拉與社會民主黨的傑拉爾多．奧克明（Geraldo Alckmin）進入決選，魯拉和支持自己的勞工黨保

當時的日本

魯拉成功連任的2006年，日本組成第一次安倍內閣。安倍內閣實施教育改革、防衛廳升格防衛省、國民投票法，卻因閣員陸續發生醜聞和失言，導致內閣支持率偏低；加上安倍本人健康欠佳，因此內閣不到1年便總辭。

持距離、成功吸引了中產階級的支持，才總算連任成功。

女總統誕生

二〇〇八年，美國因雷曼兄弟破產（雷曼兄弟控股公司破產引發的金融海嘯），暫時處於經濟蕭條；中產階級人數增加的巴西則是完全復甦，此後經濟也十分穩定。

結束兩任共八年任期的魯拉，指定總統府幕僚長迪爾瑪．羅賽芙（Dilma Vana Rousseff）作為後繼者。羅賽芙贏得二〇一〇年的總統大選，成為巴西史上首位女總統。

羅賽芙繼承魯拉的施政方針，持續推行社會

改革，但卻不像魯拉那麼受到歡迎。

從慶典變喪禮

在羅賽芙的第一個總統任期即將結束的二〇一三年，她調漲了公車、地鐵等大眾交通運輸的運費，結果引發全國規模的抗議示威（巴西之春）。警察對示威人士施暴，導致問題擴大，社群媒體也大肆批判羅賽芙。加上翌年舉辦的世界盃足球賽會場建設經費超支，工程也延宕，使得羅賽芙總統的支持率大幅滑落。

二〇一四年，世界盃足球賽在巴西開幕時，巴西隊連戰連勝，令國民為之瘋狂，儼然就像是慶典狂歡一樣。羅賽芙的支持率也因此快速上升。

但是，在準決賽巴西對戰德國時，卻拿到了一比七的大慘敗（國際上稱為米內羅慘案），國內氣氛頓時變得像喪禮般哀慼，國民的不滿一下子爆發出來，羅賽芙的支持率再度暴跌。

奧運開幕喝倒采

在世界盃足球賽後舉行的總統選舉中，羅賽芙勉強連任成功。但是在二〇一五年，她被爆出在石油利益方面瀆職，其選舉幕僚有貪污的嫌疑，因此議會也嚴厲追究羅賽芙的責任。

而且在這一年，中國股市在短時間內出現暴跌，影響範圍波及全球。對巴西而言，中國是重要的貿易對象，所以遭受的打擊更甚於雷曼兄弟破產。巴西的失業人數多達一千兩百萬人，國民對羅賽芙政權的怨言愈發高漲。翌年五月，下議院、上議院表決通過彈劾案，罷免羅賽芙的總統職務。

三個月後，里約熱內盧奧運開幕，副總統米歇爾・泰梅爾（Michel Temer）成為代理總統。由於他也有貪污的嫌疑，因此在開幕式致詞時遭到觀眾人喝倒采。

後來，泰梅爾正式就任為總統，但馬上被最高法院判決貪污有罪。儘管泰梅爾仍繼續履行總統的職責，但已無法再競選連任。

巴西的川普

在二〇一八年總統選舉中當選的雅伊爾・波索納洛（Jair Messias Bolsonaro），有「巴西川普」之稱。川普（Donald John Trump）是以激進的言論廣受矚目的前美國總統。

波索納洛就像川普一樣，不時公開發表涉及種族歧視和性別歧視的言論，而且還放任貪污瀆職、刑求罪犯，政治立場非常偏頗。

他在亞馬遜流域加速開發，不斷濫伐雨林。二〇一九年八月，亞馬遜雨林發生大規模的森林火災時，他因為延誤下達滅火的指令而飽受世界各國撻伐。

不僅如此，波索納洛對於二〇二〇年初開始的新冠病毒疫情，則是聲稱「這只是小感冒」而忽視初期的傳染防治措施。結果造成巴西國內大量感染者死亡，波索納洛被控違反人道罪。

隨著新冠病毒疫情擴大，巴西經濟變得不景氣，國民看不見未來的希望。

在巴西獨立兩百週年的二〇二二年舉行的總統選舉，波索納洛企圖爭取連任，而前總統魯拉似乎有意再度出馬對抗。

是「巴西的川普」，還是「勞工出身的前總統」，抑或是另一位新領袖……不論結果如何，巴西勢必又會再度動盪起來。

巴西的歷史 年表

這份年表是以本書提及的巴西歷史為中心編寫而成。

配合下半段的「世界與日本歷史大事紀」，可以更深入理解。

年代	巴西的歷史年表
1494	簽訂《托德西利亞斯條約》
1500	卡布拉爾登陸巴西
1504	法國人為取得巴西紅木而進駐巴西
1530	德索薩探索巴西海岸
1532	開始栽種甘蔗
1534	將軍轄區制度確立
1538	首度輸入黑人奴隸
1549	總督制開始
1554	建設聖保羅
1565	建設里約熱內盧

世界與日本歷史大事紀

- 世界 義大利戰爭開始（1494）
- 世界 瓦斯科・達伽馬發現印度航路（1498）
- 世界 欽察汗國滅亡（1502）
- 日本 賀來騷動（1530）
- 世界 馬基維利發行《君王論》（1532）
- 世界 耶穌會發跡（1534）
- 日本 天文法華之亂（1536）
- 日本 上田原之戰（1548）
- 日本 川中島之戰（第一次）（1553）
- 日本 織田信長開始入主京都（1568）

1570	頒布原住民奴隸禁令	世界 聖巴托羅繆大屠殺（1572）
1580	葡萄牙和西班牙共主聯邦成立（~1640）	日本 本能寺之變（1582）
1612	法國人建設聖路易斯（~1615）	世界 羅曼諾夫王朝成立（1613）
1640	葡萄牙脫離西班牙獨立	日本 島原之亂（1637）
1654	荷蘭撤出巴西	世界 第一次英荷戰爭結束（1654）
1693	在米納斯吉拉斯發現金礦	世界 馬雅文明滅亡（1697）
1695	帕爾馬雷斯基隆坡滅亡	世界 普魯士王國成立（1701）
1700	開徵五一稅	日本 赤穗事件（1702）
1708	埃姆博阿巴戰爭開始（~1709）	世界 大不列顛王國成立（1707）
1727	開始栽種咖啡（19~20世紀全盛期）	世界 簽訂恰克圖界約（1727）
	在米納斯吉拉斯發現鑽石	世界 約翰・凱發明飛梭（1733）
1750	宰相蓬巴爾開始實施重商主義政策	世界 阿亨條約（1748）
	簽訂馬德里條約	世界 里斯本大地震（1755）
1763	里約熱內盧成為首都	日本 田沼意次升遷為側用人（1767）
1789	米納斯密謀	世界 法國大革命（1789~1799）

年代	巴西的歷史年表	世界與日本歷史大事紀
1798	巴伊亞的陰謀	世界 大不列顛暨愛爾蘭聯合王國成立（1801）
1808	葡萄牙王室遷至巴西	世界 神聖羅馬帝國滅亡（1806）
1815	葡萄牙、巴西、阿爾加維聯合王國成立	世界 滑鐵盧戰役（1815）
1817	共和主義者在伯南布科發起革命	世界 哥倫比亞脫離西班牙獨立（1819）
1821	若翰六世回到葡萄牙	世界 西班牙立憲革命（1820）
	佩德羅王子就任為巴西攝政王	世界 希臘獨立戰爭（1821～1829）
1822	佩德羅王子宣布巴西獨立	世界 厄瓜多脫離西班牙獨立（1822）
1824	伯南布科成立「赤道聯盟」	世界 英荷條約（1824）
1825	若翰六世承認巴西獨立	日本 頒布異國船打擊令（1825）
1831	佩德羅二世即位，開始攝政政治（～1840）	世界 第一次土埃戰爭（1831～1833）
1835	卡巴納吉姆起義	日本 天保大饑荒（1833）
1850	奴隸貿易禁止令	日本 廢除異國船打擊令（1842）
1854	巴西建設第一條鐵路	日本 培里來航浦賀（1853）
1864	巴拉圭戰爭開始（～1870）	日本 王政復古大號令（1868）

1888	廢除黑人奴隸制度	日本 伊藤博文就任初代內閣總理大臣（1885）
1889	佩德羅二世退位，帝制瓦解，共和政體成立	日本 頒布大日本帝國憲法（1889）
1891	頒布巴西聯邦共和國憲法	日本 大津事件（1891）
1893	聯邦主義者在南里約格朗德起義	世界 夏威夷王國滅亡（1893）
1896	卡努杜斯戰爭開始（~1897）	日本 簽訂下關條約（1859）
1917	參與第一次世界大戰	日本 國際聯盟發跡（1920）
1922	科帕卡巴納堡叛亂	日本 關東大地震（1923）
1924	中尉派發起反政府運動	世界 簽署羅加諾公約（1925）
1925	普列斯特斯率領縱隊轉戰各州	日本 大正天皇駕崩（1926）
1929	米納斯吉拉斯州和南里約格朗德州組成自由聯盟	世界 滿州事變（1931）
1930	瓦爾加斯就任為臨時總統	日本 五一五事件（1932）
1934	頒布一九三四年憲法	日本 二二六事件（1936）
1937	「新國家」體制	世界 第二次世界大戰爆發（1939）
1941	開始建造沃爾塔雷東達鋼鐵廠（1946完工）	世界 太平洋戰爭爆發（1941）
1942	向德國、義大利宣戰	日本 中途島海戰（1942）

年代	巴西的歷史年表	世界與日本歷史大事紀
1946	杜特拉就任為總統	日本 頒布日本國憲法（1946）
1951	瓦爾加斯回任總統	世界 舊金山和約（1951）
1953	成立巴西石油公司	世界 簽署朝鮮停戰協定（1953）
1954	瓦爾加斯總統自殺	世界 成立華沙公約組織（1955）
1956	庫比契克就任為總統	日本 日蘇共同宣言（1956）
1960	首都遷至巴西利亞	世界 甘迺迪就任為美國總統（1961）
1961	夸德羅斯上任總統後隨即辭職，古拉特就任總統	世界 古巴飛彈危機（1962）
1964	發生軍事政變，布朗庫成為總統	日本 簽訂韓日基本條約（1965）
1967	頒布一九六七年憲法	世界 歐洲共同體（EC）發跡（1967）
1969	梅迪西就任為總統	世界 阿波羅十一號登陸月球（1969）
1970	「巴西奇蹟」	日本 延長美日安保條約（1970）
	巴西在墨西哥世界盃足球賽中奪得冠軍	世界 第一次石油危機（1973）
1978	廢除軍政令五號	日本 中日和平友好條約（1978）
1979	承認組織政黨的自由	世界 伊朗革命（1979）

1982	伊泰普水電站完工	世界 福克蘭戰爭（1982）
1984	發生「立即全民直選！」運動	世界 洛杉磯奧運（1984）
1985	從軍人執政轉移為文官執政	世界 廣場協議（1985）
1986	通貨單位從克魯賽羅改成克魯扎多	日本 制定男女僱用機會均等法（1985）
1988	制定一九八八年憲法	世界 車諾比核電廠事故（1986）
1989	科洛爾總統上任，推動科洛爾計畫	世界 馬爾他峰會（1989）
1992	科洛爾辭職，佛朗哥就任為總統	世界 蘇聯解體（1991）
1994	發行新通貨雷亞爾（將克魯扎多・雷亞爾換成雷亞爾）	日本 日本職業足球聯賽開始（1993）
1995	卡多索總統控制住惡性通貨膨脹	日本 阪神－淡路大地震（1995）
1996	「無土地農民運動」盛行	世界 實施全面禁止核試驗條約（1996）
2000	原住民反對舉行發現巴西五百週年紀念活動	世界 美國發生多起恐怖攻擊事件（2001）
2002	魯拉就任為首位勞工出身的總統	世界 印度洋大地震（2004）
2010	羅賽芙成為第一位女總統	世界 阿拉伯之春（2010）
2016	舉辦里約熱內盧奧運	世界 烏克蘭危機（2014）
2018	波索納洛就任為總統	世界 新型冠狀病毒肺炎疫情開始（2020）

参考文献

『旅と冒険の人類史大図鑑』マイケル・コリンズ監修（河出書房新社）
『航海の歴史 探検・海戦・交易の四千年史』ブライアン・レイヴァリ／千葉喜久枝訳（創元社）
『ものがつなぐ世界史』桃木至朗責任編集（ミネルヴァ書房）
『ラテンアメリカ』高野悠（日本放送出版協会）
『ラテン．アメリカ その政治と社会』F・G・ヒル、G・アンドラーデ／村江四郎訳（東京大学出版会）
『ラテンアメリカを知る事典』大貫良夫、落合一泰、国本伊代、恒川惠市、松下洋、福嶋正徳監修（平凡社）
『ラテンアメリカの歴史 史料から読み解く植民地時代』染田秀藤、篠原愛人監修／大阪外国語大学ラテンアメリカ史研究会訳（世界思想社）
『スペイン・ポルトガルを知る事典』池上岑夫、牛島信明、神吉敬三、金七紀男、小林一宏、フアン・ソペーニャ、浜田滋郎編／渡部哲郎、鈴木昭一ほか監修（平凡社）
『新版世界各国史16 スペイン・ポルトガル史』立石博高編（山川出版社）
『新版世界各国史26 ラテン・アメリカ史Ⅱ 南アメリカ』増田義郎編（山川出版社）
『世界現代史33 ラテンアメリカ現代史（1）総説．ブラジル』斉藤広志、中川文雄（山川出版社）
『ラテンアメリカ 地球規模課題の実践』畑惠子、浦部浩之編（新評論）
『図説 ブラジルの歴史』金七紀男（河出書房新社）
『ブラジル史』金七紀男（東洋書店）
『ブラジル史』アンドウ・ゼンパチ（岩波書店）
『ブラジル史』ボリス・ファウスト／鈴木茂訳（明石書店）
『ブラジルの歴史』シッコ・アレンカール、マルクス・ヴェニシオ・リベイロ、ルシア・カルピ／東明彦、アンジェロ・イシ、鈴木茂訳（明石書店）
『現代ブラジル事典』佐藤美由紀ほか監修／ブラジル日本商工会議所編（新評論）
『地図で見るブラジルハンドブック』オリヴィエ・ダベーヌ、フレデリック・ルオー／中原毅志訳（原書房）
『白人と黒人の世界史』オレリア・ミシェル／児玉しおり訳（明石書店）
『ブラジルの人と社会』田村梨花、三田千代子、拝野寿美子、渡会環編（ぎょうせい）
『ブラジル雑学事典』田所清克（春風社）
『ブラジルを知るための56章（第2版）』アンジェロ・イシ（明石書店）
『ヴィジュアル版 地図でたどる世界交易史』フィリップ・パーカー／花田知恵訳（原書房）
『カリブ海世界』石塚道子編（世界思想社）
『ラス・カサス伝 新世界征服の審問者』染田秀藤（岩波書店）
『資本主義と奴隷制 ニグロ史とイギリス経済史』E・ウィリアムズ／中山毅訳（理論社）
『トラベルブラジル・ポルトガル語会話手帳』長島幸子（語研）
『史観 第170冊』「フランシスコ・ロドリゲスの地図」中島楽章（早稲田大学史学会編）

[作者]
関真興
1944年出生於日本三重縣，東京大學文學部畢業，曾擔任駿台補習班世界史科講師，現為專職作家。著有《極簡德國史》、《極簡美國史》、《極簡俄羅斯史》（皆楓樹林出版）、《貨幣改變文明：掌握貨幣就能掌控世界》（智富）、《史學專家的世界史筆記：畫對重點就能輕鬆了解世界史》（台灣東販）等多本著作。

編輯・構成／造事務所
設計／井上祥邦（yockdesign）
插畫／suwakaho
協力／河野桃子
照片／Pixabay, Shutterstock

極簡巴西史

出　　版／楓樹林出版事業有限公司
地　　址／新北市板橋區信義路163巷3號10樓
郵政劃撥／19907596 楓書坊文化出版社
網　　址／www.maplebook.com.tw
電　　話／02-2957-6096
傳　　真／02-2957-6435
作　　者／関真興
翻　　譯／陳聖怡
責任編輯／江婉瑄
內文排版／謝政龍
港澳經銷／泛華發行代理有限公司
定　　價／350元
出版日期／2023年2月

國家圖書館出版品預行編目資料

極簡巴西史 / 関真興作 ; 陳聖怡譯. -- 初版.
-- 新北市 : 楓樹林出版事業有限公司,
2023.02 面 ;　公分
ISBN 978-626-7218-19-8（平裝）
1. 巴西史
757.1　　111020136